Anonymus

Das verfassungsmäßige Recht der klösterlichen Vereine in Preußen und der Bericht der Petitions-Commission des Preußischen Abgeordnetenhauses vom 17. December 1869

Beleuchtet von einem Preußischen Juristen

Anonymus

Das verfassungsmäßige Recht der klösterlichen Vereine in Preußen und der Bericht der Petitions-Commission des Preußischen Abgeordnetenhauses vom 17. December 1869
Beleuchtet von einem Preußischen Juristen

ISBN/EAN: 9783741124235

Hergestellt in Europa, USA, Kanada, Australien, Japan

Cover: Foto ©Suzi / pixelio.de

Manufactured and distributed by brebook publishing software (www.brebook.com)

Anonymus

Das verfassungsmäßige Recht der klösterlichen Vereine in Preußen und der Bericht der Petitions-Commission des Preußischen Abgeordnetenhauses vom 17. December 1869

Das verfassungsmäßige

Recht der klösterlichen Vereine in Preußen

und der

Bericht der Petitions-Commission des Preußischen
Abgeordnetenhauses

vom 17. December 1869,

beleuchtet

von einem Preußischen Juristen.

————————

Frankfurt am Main.
Verlag von G. J. Hamacher.
1870.

Einleitung.

In Berlin besteht unter der Leitung des Fürstbischöflichen Delegaten und Propstes zu St. Hedwig ein seit dem Jahre 1841 mit Corporationsrechten ausgestatteter Frauenverein zur Erziehung und Verpflegung katholischer Waisen. Derselbe hat im Jahre 1868 in Moabit *) zwei auf der Thurmstraße belegene Grundstücke ange= kauft und die bis dahin mit dem St. Hedwigs=Krankenhause — Große Hamburger Straße 50 — vereinigt gewesene Knaben = waisenanstalt im Frühjahre 1869 in die auf dem einen derselben befindlichen Wohngebäude verlegt, eine auf dem anderen Grund = stücke befindliche Kesselschmiedewerkstatt aber zu einer Kapelle für die Waisenknaben und für die in Moabit wohnenden Katholiken eingerichtet. Die Pflege der die Ortsschule besuchenden Waisenknaben ist vier Brüdern aus. der im Jahre 1857 in Aachen gegründeten Congregation der armen Brüder nach der dritten Regel des heiligen Franciscus gegen Gewährung eines gewissen monatlichen Pensionssatzes pro Kind übertragen, während die Seelsorge und die Abhaltung des Gottesdienstes in der besagten Kapelle von zwei Dominicaner Patres übernommen ist, von denen der Eine, Graf Czeslaus de Robiano schon seit dem Kriege 1866 — beschäftigt mit der Militär=Lazarethseelsorge, — unangefochten in Berlin gelebt und gewirkt hatte, der andere im Laufe des Jahres 1867 dazu gekommen war, um die Abhaltung eines von den Moa= biter Katholiken sehr gewünschten sonntäglichen Gottesdienstes zu ermöglichen.

---

*) Moabit ist jetzt Stadttheil von Berlin.

1*

Dieser Gottesdienst wurde während des Jahres 1867 in einem Miethslocale auf der Stromstraße in Moabit, seit 1868 aber auf dem vom Frauenwaisenverein erkauften Grundstück No. 58 der Thurmstraße abgehalten. Am 4. August 1869 fand die Einweihung der auf dem Grundstück 57 der Thurmstraße aus der Kesselschmiede hergerichteten Kapelle statt, an welche noch ein kleines, den Dominicanern zur Wohnung überwiesenes Gebäude stößt.

Bald nach der Einweihung fanden die bekannten mehrtägigen Pöbel=Excesse gegen das vermeintliche Franciscaner= und Dominicanerkloster statt. Ihnen folgten die wegen ihres — durch zahlreiche Betheiligung katholischer Männer herbeigeführten — kläglichen Ausganges bekannten Berliner Volksversammlungen, deren Zweck war, eine Petition an das Abgeordnetenhaus wegen Aufhebung der Klöster zum Beschluß zu erheben. Da dieser Plan mißlang, so sind in einigen Berliner Bezirksvereinen Petitionen an das Abgeordnetenhaus in der Klosterfrage angeregt und — im Ganzen elf an der Zahl — zu Stande gebracht worden, nicht zahlreich an Unterschriften, aber desto voller von Ausbrüchen leidenschaftlicher Gehässigkeit. Diesen hat sich noch eine andere Petition aus Elbing in der Provinz Preußen, wo man Klöster nur dem Namen nach kennt, zugesellt, so daß überhaupt 12 Petitionen eingegangen sind.

Die Petitionscommission des Abgeordnetenhauses hat über dieselben unter dem 17. December 1869 einen Bericht erstattet, welcher von dem Professor der Rechte Dr. Gneist abgefaßt ist (cf. Anlage A dieser Schrift) und in nachstehenden Zeilen einer nähern Beleuchtung unterzogen werden soll.

Von den Petitionen sind es die sechs gleichlautenden des Dr. Holthoff, Benary, Rüthnik, Dr. Kache, Schröder, Raaz und Genossen, welche sich der Zustimmung der Majorität der Petitionscommission zu erfreuen gehabt haben, insoweit sie die bestehende Gesetzgebung über die Klöster und das Edict vom 30. October 1810 streng zur Ausführung gebracht und den Bedingungen des Edicts entsprechend von der Regierung dafür gesorgt wissen wollen, „daß keine neuen Klöster, mögen sie nun den Namen von Klöstern tragen, oder ihre wesentliche Natur unter dem N a m e n e i n e s K r a n k e n = u n d W a i s e n h a u s e s verbergen," gegründet werden.

Da dieser Antrag einer Handvoll Nichtkatholiken von einer seltenen Dreistigkeit zeugt — Angesichts einer katholischen Bevölkerung des Preußischen Staats von mehr als acht Millionen Seelen, eines seit länger als 20 Jahren unangefochten bestehenden Zustandes der Freiheit und Selbstständigkeit der katholischen Kirche in der Ver= waltung und Leitung ihrer Angelegenheiten und der vom katholischen Volke hochgeschätzten Thätigkeit der Orden, — so durfte man billig voraussetzen, daß nur sehr schlagende Gründe die Majorität der Petitionscommission bewogen haben könnten, diesen Petitionen und den Anträgen des Referenten zuzustimmen. — Aber die vom Referenten zusammengestellten Gründe sind nichts weniger als schlagend.

Der Commissionsbericht faßt zunächst den Rechtszustand v o r Emanation der Preußischen Verfassungsurkunde zu dem Zwecke ins Auge, um sich aus gesetzlichen Bestimmungen des älteren Rechts ein Fundament für die Beurtheilung der Orden und Genossen= schaften n a ch Erlaß der Verfassung und zwar selbst solcher reli= giöser Vereinsbildungen zu construiren, deren Entstehung sogar dies= seits der Verfassungsurkunde liegt.

Demgemäß zerfällt auch die nachstehende Beleuchtung in zwei Abtheilungen, von denen die eine den Zeitraum von der Säculari= sation bis zur Einführung der Verfassung, die andere die seitdem laufende Zeitperiode umfaßt.

A. Der Rechtszustand in der Zeit von der Säcularisation bis zur Einführung der Verfassung.

———

I. Aeltere Landestheile.

1. Edict vom 30. October 1810.

Schon ein oberflächlicher Blick in den historischen Theil des Commissionsberichts läßt erkennen, daß das herbeigeschaffte Material in allen einzelnen Theilen für den gedachten Zweck vom Verfasser **besonders zugestutzt** ist.

Den Anfang macht das Edict vom 30. October 1810 über die Einziehung sämmtlicher geistlicher Güter in der Preußischen Monarchie (damaligen Umfanges). Dieser im Commissionsbericht wörtlich citirte Erlaß besteht:

> a. aus vier Erwägungsgründen, welche zur Rechtfertigung jener Confiscation kirchlichen Eigenthums einleitend voraus= geschickt werden,
>
> b. aus den in den §§. 1 bis 4 enthaltenen dispositiven Be= stimmungen, wodurch das Nähere über Umfang und Aus= führung der Säcularisation und Sicherstellung der confis= cirten Objecte verordnet wird.

Die zu a. gedachten Erwägungsgründe sind nach Form und Inhalt nur **Entschuldigungen** jenes vom Standpunkte der Moral bedenklichen Eingriffes ins Privateigenthum; die Kraft und Bedeutung **eines Gesetzes** haben sie dagegen nicht, weil ihnen **formell und materiell alle Requisite abgehen, welche zum Wesen eines legislatorischen Willensactes, oder zur Feststellung eines bindenden Rechtssatzes gehören.** — Wenn daher der Herr Referent der Petitionscommission Dr. Gneist aus den ersten dieser Erwägungsgründe:

daß die Zwecke, wozu die geistlichen Stifte und Klöster bisher (bis zum Erlaß des Edicts) errichtet wurden, theils mit den Ansichten und Bedürfnissen der Zeit nicht vereinbar seien, theils auf andere Weise besser erreicht werden könnten,

die Folgerung ziehen zu können glaubt,

daß der Gesetzgeber damit habe einen Grundsatz aussprechen wollen, vermöge dessen auch alle in der Zukunft möglicher Weise neuentstehenden Klöster im Voraus reprobirt und proscribirt sein sollten, so entbehrt dieser Schluß jeder juridischen Begründung und hat sogar den Wortlaut gegen sich, indem der Gesetzgeber nur auf die Ansichten und Bedürfnisse jener Zeit, nicht aber aller künftigen Zeiten hinweiset.

Mit demselben Rechte könnte aus den Erwägungsgründen sub b. c. d.,

daß alle benachbarten Staaten die gleichen Maßregeln getroffen haben,

daß die pünktliche Abzahlung der Contribution an Frankreich nur dadurch ermöglicht werde, und

daß dadurch die ohnedies sehr großen Anforderungen an das Privatvermögen der Unterthanen ermäßigt würden

der Satz abgeleitet werden, daß der Gesetzgeber grundsätzlich und für alle zukünftigen Zeiten Säcularisationen und Confiscationen nicht blos von Klöstern, sondern, wie sich als Consequenz von selbst ergibt, auch von Kirchen, Wohlthätigkeitsinstituten, Corporationsvermögen aller Art (dasjenige der concessionirten Logen nicht ausgenommen), im Voraus für den Fall habe approbiren wollen, daß benachbarte Staaten damit den Anfang machten, oder Kriegscontributionen aufzubringen wären, oder eine Ermäßigung der Anforderungen an die Steuerkraft der Unterthanen aus irgend einem Grunde erwünscht schiene. Ja es ist nicht abzusehen, warum man in fortgesetzter Consequenz einen solchen Satz nicht auch bezüglich auf das Vermögen reicher Bank- und Handelsinstitute, großer Grundherren und Banquiers, kurz auf jeden über das Niveau der gewöhnlichen Lebensbedürfnisse hinausgehenden Privatbesitz sollte abstrahiren können.

Die Unstatthaftigkeit solcher Grundsätze liegt auf der Hand. — Für Maßregeln, wie die Säcularisation war, sucht der Geschichtsschreiber, der Jurist, der Moralist nach Entschuldignngsgründen; aber Rechtsgrundsätze kann man daraus ohne Gefahr für das öffentliche Wohl und ohne dem Communismus Thor und Thür zu öffnen, nicht ableiten. Mit demselben Rechte, wie Herr Dr. Gneist, würde man ferner folgern können, daß der Gesetzgeber die geistlichen Stifte (Dom- und Collegiatstifte) grundsätzlich reprobirt habe, da sub a. der Erwägungsgründe des Edicts neben den Klöstern auch die Stifte als den Ansichten und Bedürfnissen der Zeit, ihren Zwecken nach, nicht mehr entsprechende Institutionen bezeichnet sind, und daß demgemäß die durch die Bulle de salute animarum wieder errichteten Dom- und sonstigen Stifte wieder aufgehoben werden müßten.

Wie fern dem Gesetzgeber der Gedanke gelegen hat, die Klöster überhaupt grundsätzlich zu reprobiren, beweist schließlich auch der Umstand, daß keineswegs blos die dem Unterricht und der Krankenpflege gewidmeten Klöster der Verheißung im §. 4 des Edicts gemäß aufrecht erhalten, beziehungsweise neu dotirt, sondern auch im Verlaufe der Zeit, 1839 und 1843, mehreren Franziscanerklöstern in Westphalen, nämlich zu Dorsten, Paderborn, Wiedenbrück, Warendorf, das Fortbestehen und die Wiederaufnahme von Novizen gestattet worden ist*).

Wenn Herr Dr. Gneist die Säcularisationen im Anfange dieses Jahrhunderts aus der Abneigung gegen Jesuiten und Bettelmönche herleiten will, so zeugt dies von wenig Genauigkeit. Die Jesuiten waren ja, wie Herr Dr. Gneist an einer anderen Stelle des Commissionsberichts selbst anführt, schon seit 1773 aufgehoben, somit vom Säcularisations-Edict vom 30. October 1810 in keiner Weise berührt, und die Abneigung gegen die Bettelmönche konnte doch kein Motiv sein, die reichen Dom- und Collegiat-Stifte und Abteien zu säcularisiren. In der That sucht auch das Edict,

---

*) Wir wollen übrigens nicht behaupten, daß sich die Klöster damals der Zuneigung der leitenden Verwaltungskreise zu erfreuen gehabt hätten; aber wir haben es hier nicht mit Gefühlen zu thun, sondern mit Acten der Gesetzgebung.

die Einziehung der geistlichen Stifte und Klöster vorzugsweise (mit
drei Gründen gegen einen) mit dem damaligen Nothstande des
Staats und dem auf den Unterthanen haftenden schweren Steuer=
drucke zu entschuldigen, und characterisirt sich in seinen disposi=
tiven Bestimmungen (§§. 1—3) lediglich als eine Finanzmaß=
regel, in dem es vom Tage seines Erscheinens ab alle Klöster,
Dom=.und anderen Stifte, Balleyen, Commenden rc. für Staats=
güter erklärt und darnach wegen Einziehung derselben und
Sicherung des vorhandenen Vermögensbestandes das Erforderliche
anordnet, während Herr Dr. Gneist eine Zwangsjacke für die
Gewissen der Katholiken daraus zurecht machen möchte.

Das Edict hat es also mit den Stiften, Klöstern rc. im We=
sentlichen nur in ihrer Eigenschaft als Vermögenscomplexen zu
thun; über die Zulässigkeit der Orden in ihrer Qualität als Ein=
richtungen der katholischen Kirche in Preußen hat es da=
gegen eine principielle Entscheidung nicht getroffen. In dieser Be=
ziehung blieb, so weit es sich um geistliche Gesellschaften im le=
.galen Sinne des Preußischen Landrechts, also um solche Reli=
gionsgesellschaften handelte, welche sich, wie es im §. 12.
Tit. 11. Th. II. Allgem. Landrechts heißt, zu anderen Religions=
übungen als zur öffentlichen Feier des Gottesdienstes
verbunden haben, oder deren Mitglieder, wie §. 939 ibid. definirt, sich
mit anderen Religionsübungen als der Seelsorge hauptsäch=
lich beschäftigen, nach wie vor der §. 10, L. c. maßgebend, wonach

>   mehrere Einwohner des Staates unter dessen Ge=
>   nehmigung zu Religionsübungen sich verbinden dürfen;

oder, soweit kirchliche Vereinsbildungen in Frage kommen, bei denen
nicht besondere Religioübungen außer der Seelsorge und
der Feier des öffentlichen Gottesdienstes, sondern Unterricht,
Erziehung, Pflege von Kranken Hauptzweck ist, die
§§. 1 und 2. Tit. 6. Th. II. Allgem. Landrechts, lautend:

>   „Unter Gesellschaften überhaupt werden hier Ver=
>   bindungen mehrer Mitglieder des Staats zu einem ge=
>   meinschaftlichen Endzwecke verstanden."

>   „Insofern dieser Zweck mit dem gemeinen Wohl bestehen,
>   kann, sind dergleichen Gesellschaften erlaubt.

Bei dem Vorhandensein so ausdrücklicher gesetzlicher Bestim=
mungen haben Redensarten wie: der Gesetzgeber habe im Edict
vom 20. October 1810 die Klöster grundsätzlich reprobirt
oder gemißbilligt, gar nichts zu bedeuten. Denn Kundgebungen
von Beifall und Mißfallen sind noch keine Gesetze,
vielmehr kommt es lediglich darauf an,

ob das Edict vom 30. October 1810 ein die vorstehend
allegirten Bestimmungen der §§. 10. Tit. 11 und 1 und 2.
Tit. 6. Th. II. Allgem. Landrechts außer Kraft setzendes
Verbot der geistlichen Gesellschaften und sonstigen kirch=
lichen Genossenschaften enthält, oder nicht.

Da nun die Bejahung der ersteren Alternative nach der klaren
Fassung des Gesetzes außer Zweifel steht, so folgt hieraus, daß
auch nach erfolgter Säcularisation der Klöster die Bildung von
eigentlichen Klostergesellschaften, ebenso wie diejenige von kirchlichen
Wohlthätigkeitsgesellschaften, bei denen nicht die Religionsübung,
sondern Unterricht, Erziehung, Krankenpflege Hauptzweck ist, erstere
mit besonderer Genehmigung des Staates, welcher es aber seit Ein=
führung der Verfassung nicht mehr bedarf, zulässig blieb. Daß diese
Genehmigung auch in einzelnen Fällen ertheilt worden ist, beweisen
die westphälischen Franciscanerklöster. Sie hatte nach §. 939. ff.
Tit. 11. Th. II. Allgem. Landrechts eo ipso die Verleihung der
juristischen Persönlichkeit zur Folge.

Endlich ergibt der ganze Wortlaut des Edicts vom 30. Oc=
tober 1810 klar und deutlich, daß dasselbe sich nur mit den damals
bestehenden geistlichen Stiften und Klöstern beschäftigt, nicht mit
irgend welchen Klöstern der Zukunft, ausgenommen diejenigen,
deren reichliche Dotation im §. 4 des Edicts zugesichert ist.
Die damals vorhandenen Klöster werden als Staatsgüter er=
klärt, diese sollen eingezogen, bei diesen sollen keine Anwartschaften
mehr ertheilt, keine Novizen aufgenommen, keine Stellen vergeben
werden. Denn es heißt §. 1 nur, daß alle Klöster=, Dom= und
anderen Stifte 2c., mögen sie zur katholischen oder evangelischen
Religion gehören, vom Tage des Edicts ab als Staatsgüter
betrachtet werden sollen, was selbstverständlich auf zukünftige Klöster
nicht bezogen werden kann, da diese nicht vom Tage des Edicts
ab Staatsgüter sein konnten. Aber möchte z. B. bezüglich der durch
die Bulle de salute animarum gegründeten Domstifte oder neu

gegründeter proteſtantiſcher Johanniter=Krankenhäuſer behaupten wollen, daß ſie kraft des Edicts vom Jahre 1810 Staatsgüter ſeien?

In der That geht auch der Commiſſionsbericht ſelbſt nicht ſo weit, ausdrücklich zu behaupten, das Edict beziehe ſich auch in den bie Einziehung der Klöſter betreffenden bispoſitiven Beſtimmun= gen auf künftig entſtehende Klöſter; allein der Verfaſſer hat es bei Zuſammenſtellung der Ergebniſſe ſeiner Betrachtung hinzuzufü= gen unterlaſſen, wie bie Feſtſetzungen des Edicts,

> daß alle Klöſter vom Tage des Geſetzes an als Staats= güter betrachtet werden ſollen,
>
> daß alle vorhandenen Klöſter nach und nach einge= zogen werden ſollen,
>
> daß keine Anwartſchaft ertheilt, keine Novizen auf= genommen und Niemanden der Beſitz einer Stelle zuge= ſagt werden ſoll, bei Strafe der Nichtigkeit,

ſich nur auf bie zur Zeit des Edicts vorhandenen Klöſter, Stifte ꝛc. beziehen und beziehen können; ja bie Anwendung ge= ſperrter Lettern für einzelne Worte und Worttheile der vorſte= henden Sätze beutet ſichtlich darauf hin, daß eine Verſchleierung bes eigentlichen Ergebniſſes der Erörterung für zweckmäßig erachtet worden iſt.

Setzen wir demſelben das Reſultat unſerer Prüfung entgegen, ſo ſtellt ſich heraus:

1) daß bas Edict vom 30. October 1810, abgeſehen von der Verſicherung im §. 5, lediglich als eine Finanzmaß= regel zu betrachten iſt und baher die Klöſter, Dom= und anderen Stifte ꝛc. nur in der Eigenſchaft als Rechts= träger von Vermögensmaſſen betrifft,

2) daß es ſich nur auf bie bamals vorhandenen Klöſter ꝛc., nicht auch auf möglicher Weiſe in der Zukunft entſtehende bezieht,

3) daß der Jeſuitenorden bavon überhaupt nicht berührt iſt,

4) daß die Erwägungsgründe im Eingange beſſelben ohne jebe legale Bedeutung, folglich auch für die Abſtraction eines der Entſtehung neuer Klöſter widerſtreitenden Rechts= grundſatzes ohne Belang ſind,

5) daß das Edict kein Verbot gegen Errichtung neuer Klöster und keine, die damals bestehenden gesetzlichen Bestimmungen über die Vereinigung zu geistlichen Gesellschaften abändernde Vorschriften enthält, folglich Klöster auch nach dem Edict unter Beobachtung dieser Vorschriften entstehen konnten.

Hieraus ergiebt sich, daß das Edict für die Frage über die Existenzberechtigung der seitdem entstandenen, nicht dem Unterricht und der Erziehung gewidmeten Klöster völlig werthlos ist.

2. Das Edict vom 20. October 1798 und die beschränkenden Bestimmungen des Allgem. Landrechts II. 11. §. 939. ff.

Nicht anders verhält es sich mit dem Edict vom 20. October 1798, woraus zunächst ein Verbot gegen den Jesuitenorden hergeleitet, sodann aber eine Basis für die Anwendbarkeit des daraus hervorgegangenen §. 98 des Preußischen Strafgesetzbuches auf — ohne Staatsgenehmigung entstandene — Privatvereinigungen oder Congregationen von Ordensleuten überhaupt construirt werden soll.

Der Jesuitenorden wurde 1773 kirchlich aufgehoben*). Jesuitencongregationen existirten also 1798 längst nicht mehr, sie konnten daher auch nicht unter die Kategorie der strafrechtlich zu verfolgenden Verbindungen fallen. Hätten einzelne ehemalige Mitglieder des aufgehobenen Jesuitenordens eine Gesellschaft gebildet, so würde eine solche kirchlich nicht autorisirte Vereinigung in keiner Weise mit dem Jesuitenorden oder einer Congregation desselben als identisch zu betrachten gewesen sein, und die Frage, ob sie unter die nach besagtem Edict zu bestrafenden Verbindungen zu zählen gewesen wäre, würde davon abgehangen haben, ob eine der im §. 2 des Edicts sub 1 bis 5 aufgezählten Voraussetzungen vorgelegen hätte.

---

*) Friedrich der Große nahm ihn bekanntlich in Schutz und rühmte von den Jesuiten in seinen Staaten, daß er nie bessere Preußen gefunden habe. (Cf. sein Schreiben an Abbé Columbini, seinen Agenten in Rom, vom 13. September 1773. Das Nähere über das Verhalten des Königs bei Aufhebung des Jesuitenordens durch Clemens XIV. ist zu finden in Crétineau-Joly Histoire de la Compagnie de Jésus. Tom. V. pag. 461 ff.

Nachdem der Jesuitenorden 1814 kirchlich wiederhergestellt war, bildete er gleich den übrigen kirchlich approbirten Orden ein Glied in dem verfassungsmäßigen Organismus der katholischen Kirche.

Gegen die approbirten Orden der katholischen Kirche ist das Edict vom 20. October 1798 aber nicht erlassen, sondern gegen geheime Verbindungen politischer Natur, insbesondere gegen die nicht ausdrücklich ausgenommenen Freimaurergesellschaften. Dies ergiebt sich ebensowohl aus der Veranlassung und dem Zweck, wie aus dem Inhalte des Gesetzes (Cf. Anlage B.).

Das Edict hatte, wie die Einleitungsworte unzweifelhaft erkennen lassen und bei der Commissionsberathung hervorgehoben wurde, seine Veranlassung in den Vorgängen der durch die Umtriebe der geheimen und freimaurerischen Verbindungen hervorgerufenen französischen Revolution und in der Besorgniß vor ähnlichem politischen Umsturz. Es war gerichtet „gegen Volksverführer, welche aus frevelhafter Absicht jenes glückselige Verhältniß (der Treue und Anhänglichkeit der Unterthanen gegen den Landesherrn) zu stören, zu untergraben, falsche Grundsätze auszustreuen, fortzupflanzen und zu verbreiten und auf diese Weise die öffentliche Glückseligkeit ihren eigennützigen, verbrecherischen Endzwecken aufzuopfern sich bemühen, und welche zu diesem Endzwecke jedes ihnen bequem scheinende Mittel, besonders aber das Mittel der sogenannten geheimen Gesellschaften und Verbindungen leicht versuchen könnten."

Das Edict hatte also, worauf auch seine Ueberschrift hindeutet, zum Gegenstande die Verhütung und die Bestrafung geheimer Verbindungen, welche der allgemeinen Sicherheit nachtheilig werden könnten.

Die katholische Kirche lehrt, der heiligen Schrift gemäß, Gehorsam und Unterwerfung gegen die weltliche Obrigkeit. Hierzu ist jeder Katholik, und der nach höherer Vollkommenheit strebende Ordensmann erst recht — sub peccato mortali verpflichtet. Bei diesen allgemein bekannten Grundsätzen gehört eine dreiste Stirne dazu, die kirchlich approbirten Orden zu ben auf staatlichen Umsturz hinarbeitenden geheimen Gesellschaften zu rechnen. Was den Inhalt des Edicts anlangt, so hat der Commissions=bericht bie im §. 2 als verboten befinirten fünf Kategorieen von geheimen Gesellschaften richtig extrahirt; er hat sich aber nicht ba=rüber ausgesprochen, unter welche Kategorie die kirchlich approbirten Orden fallen sollen. Nur soviel wird angebeutet, baß Privat=vereinigungen ober Congregationen von Jesuiten ober Or=bensbrübern, welche vor Einführung ber Verfassung ohne Staats=genehmigung unb außerhalb ber gesetzlichen Vorschriften (II. 11. p. 939 ff. b. Allg. Landrechts) gebilbet worben wären, nach An=sicht ber Mehrheit ber Commission unter das Ebict gefallen sein würben. Darnach scheint ber Commissionsbericht das Kriterium einer verbotenen Verbindung bezüglich auf die Orben in bem Mangel ber Staatsgenehmigung zu finben. Hiergegen muß aber bemerkt werben, baß eine staatlich nicht genehmigte Verbin=dung an sich noch keine verbotene ist, ba ein positives Verbot unb ber bloße Mangel staatlicher Genehmigung weitaus verschiebene Dinge sinb.

Geistliche Gesellschaften gehörten aber auch vor Einführung ber Verfassung nicht zu ben grundsätzlich unzulässigen, sonbern zu ben an sich erlaubten Verbinbungen, ba §. 2, Tit. 11, Th. II. bes Allg. Landrechts bestimmt:

„Jebem Einwohner im Staate muß vollkommene Glaubens= unb Gewissensfreiheit gestattet werben",

unb §. 10 ibidem, wie schon oben bemerkt, ben Einwohnern bes Staates bas Rechts gewährt, sich — wenn auch nur mit hinzu=tretenber Staatsgenehmigung — zu Religionsübungen zu verbin=ben, auch hierin burch spätere Gesetze nichts geänbert ist. Die Frage, wie sich bie Sache gestellt hätte, wenn im concreten Falle ber Staat bie Genehmigung nicht ertheilt hätte, ist bahin zu beant=worten, baß auch bann bie fragliche geistliche Gesellschaft nicht unter bas Ebict vom 20. October 1798 gefallen wäre. Dem Staat hätte es, nach §§. 4 unb 5, Tit. 6, Th. II. bes Allg. Landrechts, lautenb:

„Auch an sich nicht unzulässige Gesellschaften kann ber Staat verbieten, sobalb sich finbet, baß bie selben anderen gemeinnützigen Absichten und Anstalten hinderlich oder nachtheilig sind".

„Dergleichen ausdrücklich verbotene Gesellschaften sind von Zeit des ergangenen Verbots den an sich unzulässigen gleich zu achten"

freigestanden, ein ausdrückliches Verbot gegen eine derartige Vereinigung unter Androhung einer besondern Strafe zu erlassen und dann würde ein specielles Strafgesetz vorhanden gewesen sein. Wenn das Verbot aber nicht zugleich von einer Strafandrohung begleitet gewesen wäre, dann würde nur eingetreten sein, was nach §§. 6 und 7, Tit. 6, Th. II. A.-L. Rechtens ist:

' „Unzulässige und verbotene Gesellschaften haben als solche gar keine Rechte, weder gegen ihre Mitglieder, noch gegen Andere."

„Die Mitglieder derselben sind wegen unerlaubter Handlungen, die von ihnen gemeinschaftlich, oder auch von Einzelnen nach dem Zwecke der Gesellschaft vorgenommen werden, zum Schadenersatze und zur Strafe ebenso verhaftet, wie andere Mitgenossen eines Verbrechens."

Man sieht also, daß es mit der Anwendung des Edicts gute Wege gehabt hätte, da dieses immer einen speciell vorgeschriebenen, durch ein Verbot allein nicht herzustellenden Thatbestand voraussetzt, welcher bei Ordensgesellschaften fehlt.

Denn daß kirchlich approbirte Orden an sich unter die fünf Kategorien des Edicts nicht fallen, ist klar. Ihr Zweck besteht nicht in Berathschlagungen über Gegenstände der Verfassung und Verwaltung des Staats (Nr. 1), auch gelobt man darin nicht unbekannten Oberen Gehorsam (Nr. 2), oder bekannten Oberen einen — möglicher Weise zu Conflicten mit dem Staat, dessen Verfassung und Verwaltung und dem vom Staate bestimmten Religionsstand führenden unbedingten Gehorsam (Nr. 3); ebenso wenig fordert man von den Mitgliedern Verschwiegenheit in Ansehung irgend welcher Geheimnisse (Nr. 4); endlich haben sie auch keine geheimen Absichten und keine geheim gehaltenen Mittel, verborgene mystische oder hieroglyphische Formen zur Verfolgung namhaft gemachter Absichten.

Ihre Regeln und Statuten, ihre Zwecke und Absichten sind
allgemein bekannt. Sie enthalten nichts, was nicht strictissime mit
den Lehren der katholischen Kirche und bezüglich auf das Verhält=
niß der Unterthanen zur Obrigkeit und zu seinen Mitbürgern —
Nichts, was nicht auch mit den Lehren und diesfälligen Grund=
sätzen der evangelischen Confession genau übereinstimmte. Ihr Votum
obedientiae ist quoad materiam bedingt durch die in den
Vorschriften der göttlichen Gebote und den Lehren des Evangeliums,
welche die Grundlage der Moral auch für die christ=
lichen Staaten sind, gegebenen Schranken. So heißt es in
Ferraris prompta Bibliotheca sub voce „Votum" Art. I. 23:

„Materia voti debet esse res moraliter bona. Unde
opus lege naturali, divina vel humana prohibitum
non potest voveri et si voveatur, votum nedum est
illicitum, sed invalidum et nullum."

Ebendaselbst sind in Art. II. sub Nr. 13—16 die Grenzen
des Gehorsams genau bestimmt. Aus dem dort Angeführten er=
giebt sich, daß eine Ordensperson durch das Gelübde des Gehor=
sams zu Nichts, was den Geboten Gottes zuwiderläuft, und auch
innerhalb des darnach Erlaubten nur zu dem verpflichtet ist, was
ihr der Obere gemäß der Ordensregel (secundum regulam) zu
thun vorschreibt. Auch van Espen Jus eccl. universum. Tom I.
Tit. XVIII. de voto obedientiae caput II. No. 7 bestätigt dies
durch folgende Aeußerung:

„At cum do transgressione legis divinae agitur,
nequaquam vera obedientia caeca est, sed tota
luminosa, et undequaque prospiciens et atten-
dens utpote ea luminosa Dei charitate. Superioribus
tanquam Deo obediens solicite cavet, ne Superioribus obediens Deo inveniatur inobe-
diens."

Weiter heißt es ebendaselbst Nr. 10:

„Itaque dicamus cum Sancto Basilio in Regulis
breviter disputatis qu. 114: „„Quod si quid nobis
imperatum sit, quod idem sit cum mandato Domini
adjuvetve, illud tanquam voluntas Dei studiosius
diligentiusque a vobis suscipi debet, idque servari

convenit, quod dictum est (Ephes. c. 4, v. 2) sup-
portantes invicem in charitate Christi.‟ — Quo-
ties vero aliquid, quod mandato Domini
aut repugnat, aut aliqua ex parte vitiet
contaminetve, facere ab aliquo jussi fue-
rimus, tunc commode usurpabimus: Opor-
tet obedire Deo magis quam hominibus.“

Das Gelübde der Ordensleute steht, wie hieraus hervorgeht,
weder mit den Gesetzen in Widerspruch, noch hat es für den Staat
Bedenkliches, da der Gehorsam gegen die weltliche Obrigkeit auf
göttlichem Gebot beruht, folglich von der Obedienzpflicht des Or=
densmannes alles dasjenige ausgenommen ist, was der Obere ihm
etwa im Gegensatze zu den Unterthanenpflichten befehlen könnte.
— Der Gesetzgeber aber hat bei Erlaß des Edicts vom 20. Oct.
1798 an die Orden der katholischen Kirche schon darum nicht
denken können, weil damals die Klöster im preußischen Staate an=
erkannt und sogar mit Corporationsrechten privilegirt waren. Die
Säcularisation ihrer Güter hat in den ursprünglichen Voraus=
setzungen für die Anwendbarkeit des Edicts nichts geändert und
die Klöster nicht plötzlich zu staatsgefährlichen Verbindungen ge=
stempelt. Das fragliche Edict gewährt daher für den Eingangs er=
wähnten Zweck des Referenten keine Ausbeute.

Wenn der Commissionsbericht weiter sagt, daß, soweit nach
dem Edict vom 30. October 1810 noch Klöster fortbestehen
durften, sie bis zur Einführung der Verfassung selbst=
verständlich den gesetzlichen Beschränkungen des §. 939, Tit. 11,
Th. II. des Allgem. Landrechts unterworfen gewesen seien, so kann
unter Bezugnahme auf die obige Ausführung hier zunächst nur
wiederholt werden, daß das Edict kein Verbotsgesetz ist, und daher
auch nachher neue Ordensniederlassungen aller Art mit Genehmi=
gung des Staates entstehen konnten. Die Anwendbarkeit der im
§. 939, Tit. 11, Th. II. des Allgem. Landrechts vorgeschriebenen
Beschränkungen sowohl auf dergleichen neue, als auch auf die dem
Unterricht und der Krankenpflege gewidmeten älteren Justitute, deren
Fortbestehen und reichliche Dotirung gemäß §. 4 des Edicts vom
30. October 1810 vom Gesetzgeber selbst garantirt wurde, unter=
liegt allerdings für die vor dem Jahre 1848 liegende Zeit unter

der Voraussetzung des Vorhandenseins der zum Begriff der Klöster gehörigen Requisite keinem Zweifel.

Diese Requisite ergaben sich, da Klostergesellschaften eine Species der geistlichen Gesellschaften sind, aus den §§. 939 und 940, in Verbindung mit §. 1057, Tit. 11, Th. II. des Allgem. Landrechts. — Nach §. 939 werden

„unter geistlichen Gesellschaften, deren Mitglieder sich mit anderen Religionsübungen als der Seelsorge hauptsächlich beschäftigen, die vom Staate aufge= nommenen Stifte, Klöster und Orden verstanden."

„Diese haben (§. 940) unter dem Namen der Ca= pitel, Convente mit anderen Corporationen im Staate gleiche Rechte."

Nach §. 1057 sind

„Klostergesellschaften geistliche Corporationen, be= ren Mitglieder zu gemeinschaftlichem Leben und gemeinschaftlicher Religionsübung nach gewis= sen, von der Kirche bestätigten Regeln durch feier= liche Gelübbe sich verpflichtet haben.

Hieraus ergeben sich folgende, zum landrechtlichen Begriffe einer Klostergesellschaft (eines Klosters) gehörige Erfordernisse:

a. gemeinschaftliches Leben,
b. gemeinschaftliche Religionsübung,
c. hauptsächliche Beschäftigung mit anderen Religions= übung als mit der Seelsorge, oder wie die §§. 11 und 12 dieses Titels besagen: mit der öffentlichen Feier des Gottesbienstes,
d. kirchliche Bestätigung (Approbation) der Ordensregel,
e. feierliche Gelübbe,
f. Aufnahme von Seiten des Staates.

Der Mangel eines dieser durchweg wesentlichen Requisite würde die Anwendbarkeit jener Einschränkungen ausgeschlossen haben, da nach bekannten Grundsätzen Gesetze nur auf Fälle und Voraussetzungen anzuwenden sind, für welche sie ge= geben sind (§. 46 der Einl. zum Allg. Landrecht).

Die in neuerer Zeit, theilweise schon vor der Verfassungsur=
kunde, eingeführten Männer= und Frauencongregationen für Kran=
kenpflege, Unterricht und Erziehung sind keine Klostergesellschaften,
weil ihre **hauptsächlichste** Beschäftigung nicht in Religions=
übungen, sondern in Unterricht, Krankenpflege ꝛc. besteht, weil ihre
Regeln nicht kirchlich approbirt, sondern nur **zugelassen** sind,
weil sie keine **feierlichen**, sondern nur **einfache** Gelübde ab=
legen, weil bei den meisten derselben selbst ihr gemeinschaftliches
Leben den **Verkehr mit der Welt** nicht ausschließt, soweit er
zur Ausübung ihres mit dem socialen Leben eng verbundenen Be=
rufes erforderlich und nützlich ist.

Auf die Vereinigungen und Niederlassungen dieser quasi re=
gulären Institute sind daher die mehr erwähnten, nur für Klöster
gegebenen gesetzlichen Beschränkungen auch in der Zeit vor der
Verfassungsurkunde nicht anzuwenden gewesen, vielmehr fielen die=
selben „als Verbindungen mehrerer Mitglieder des Staates zu
einem gemeinschaftlichen, mit dem gemeinen Wohl verträglichen
Endzwecke" nach den §§. 1 und 2, Tit. 6, Th. II. des Allgem.
Landrechts unter den Begriff an sich und ohne ausdrückliche staat=
liche Genehmigung **erlaubter** Gesellschaften.

Es muß daher den Folgerungssätzen des Commissionsberichts
als Ergebniß der vorstehenden Betrachtung gegenübergestellt werden:

1. daß bis zum Erlaß der preußischen Verfassungs=Urkunde

   1) die **rechtliche** Existenz von Klöstern im **gesetzlichen**
      Sinne bedingt war durch die staatliche Anerkennung,

   2) auf Klöster im gesetzlichen Sinne die landrechtlichen Be=
      stimmungen (Allg. Landr. II. 11. §. 939 ff.) anwend=
      bar waren,

   3) dagegen die quasi regulären Männer= und Frauencon=
      gregationen für Unterricht, Erziehung und Krankenpflege
      nicht diesen Beschränkungen unterlagen,

   4) **Privatvereinigungen** der Jesuiten und anderer
      Ordensbrüder (regulärer Orden), welche ohne Staatsge=
      nehmigung gebildet worden wären, unter das Edict vom
      20. October 1798 nicht gefallen sein würden.

II. Die weſtlichen Provinzen, wiedervereinigten und neuerworbenen Landestheile.

Die Rheiniſch-Franzöſiſche, Bergiſche und Weſtphäliſche Zwiſchengeſetzgebung und der Reichsdeputations-Hauptſchluß vom 25. Februar 1803.

Die Rheiniſch-Franzöſiſche Geſetzgebung gewährt für die Ten=
benzen des Berichterſtatters der Petitions=Commiſſion ebenfalls nicht
die darin geſuchten Stützpunkte.

Maßgebend iſt

a. das für die mit Frankreich im Jahre 1795 neu vereinigten
Departements ergangene Geſetz vom 15. Fructidor an IV.
(1. September 1796) bei Hermens Hdb. I. S. 295.

Es verordnet im Art. 1 (nicht 4):

„Les ordres et congrégations réguliers, monastères,
abbayes, prieurés, chanoines réguliers, chanoinesses,
et généralement toutes les maisons ou établissemens
religieux de l'un et de l'autre sexe sont supprimés
dans les départements réunis par la loi du 9 vendé-
miaire dernier, ainsi que sur l'ancien territoire de
la république".

Im Art. 20:

„Sont exceptées des dispositions de la présente loi
les maisons de religieuses dont l'institut même a
pour objet l'éducation publique ou le soulage-
ment des malades, et qui, à cet effet, tiennent
réellement, en dehors, des écoles ou des salles de
malades; lesquelles maisons continueront, comme par
le passé, d'administrer les biens dont elles jouissent."

Daſſelbe war für die älteren Theile der franzöſiſchen Monarchie
ſchon beſtimmt durch das königl. Patent vom 19. Februar 1790
Art. 2.

b. Der Art. 11 der organiſchen Art. zur Convention vom
26. Messidor IX. (bei Hermens I. S. 486), lautend:

„Les archévêques et évêques pourront, avec l'autorisation du Gouvernement, établir dans leurs dio-

céses des chapitres cathédraux et des séminaires.
Tous autres établissemens ecclésiastiques
sont supprimés."

c. Der Confularbeschluß vom 20 Prairial an X. (9. Juni
1802, nicht 1803) bei Hermens I. S. 652. Derselbe setzt
fest im Art. I:

„Les ordres monastiques, les congrégations ré-
gulières, les titres et établissemens ecclésiastiques,
autres que les évêchés, les cures, les chapitres cathédraux et les séminaires établis ou à etablir con-
formement à la loi du 18 germinal dernier sont
supprimés dans les quatre départemens de la Saône,
de la Rœr, du Rhin et Moselle et du Mont-Tonnerre",

unb schreibt im Art. 20 dieselbe Ausnahme vor, wie der Art. 20
des Gesetzes vom 15 Fructidor an IV.

d. Das kaiserliche Decret vom 3 Messidor XII. (22. Juni
1804), welches auf Veranlassung eines vom Staatsrath
Portalis erstatteten Berichts über die unter dem Namen
„la société du cœur de Jésus, des victimes de l'a-
mour de Dieu, des Pères de la Foi" erfolgte Bildung
einiger Verbindungen von Priestern und Laien erging.

Dasselbe bestimmt:

1° l'aggrégation ou association connue sous les noms
de Pères de la Foi, d'Adorateur de Jésus ou Pacana-
ristes, actuellement établie à Belley, à Amiens et
dans quelques autres villes de l'empire, sera et de-
meurera dissoute.

2° Seront pareillement dissoutes toutes autres aggré-
gations ou associations formées sous pretexte de
religion, et non autorisées.

3° Les lois, qui s'opposent à l'admission de tout ordre
religieux dans lequel on se lie par de vœux perpé-
tuels, continueront d'être executées selon leur forme
et teneur.

4° Aucune aggrégation ou association d'hommes ou des
femmes ne pourra se former à l'avenir sous pré-
texte de religion, à moins qu'elle n'ait été formel-
lement autorisée par un décret impérial, sur le vu
des statuts et réglemens selon lesquels on se pro-
poserait de vivre dans cette aggrégation ou association.

5° Die Aggregationen unter dem Namen Sœurs de la
Charité, Sœurs Hospitalières, sœurs de Saint-Thomas,
Sœurs de Saint-Charles und Sœurs Vatelotte bleiben
aufrecht, müſſen aber binnen ſechs Monaten ihre Statuten
und Reglements dem Staatsrath vorlegen.

6° Die Zuwiderhandelnden ſollen von den Generalprocura-
toren und von den kaiſerlichen Procuratoren in Anklage-
ſtand verſetzt werden.

e. Endlich das kaiſerliche Decret vom 18. Februar 1809
(Hermens II. S. 402), wodurch die Congregations ou
Maisons hospitaliers des femmes unter der Bedingung,
daß die Statuten einer jeden approbirt und im Bülletin
des lois kundgemacht würden, förmlich anerkannt und
unter den Schutz der Kaiſerin-Mutter geſtellt werden.

Der geſetzliche Zuſtand auf der linken Rheinſeite vor der Ver-
faſſungsurkunde war daher nicht weſentlich verſchieden von demjenigen der Landestheile, für welche das Edict vom 30. October
1810 ergangen war.

Die Klöſter waren unterdrückt mit Ausnahme der Inſtitute
für Krankenpflege und Erziehung.

Die Beſtimmungen zu a. b. c. konnten ſich nur auf die vorhanden geweſenen älteren Klöſter beziehen, nicht auf künftig entſtehende, weil man etwas noch nicht Vorhandenes nicht unter-
drücken konnte. Sie lehnen nur die Wiederherſtelluug der aufgehobenen Inſtitute Seitens des Staates ab, der im Beſitz ihrer
Güter war, ohne ein Verbot gegen die Errichtung neuer Klöſter
zu enthalten.

Das Messidor-Decret (ad d.) beſtimmt im Weſentlichen das-
ſelbe. Die Aggregationen und Aſſociationen der Pères de la Foi ꝛc.
waren weder Orden noch quasi reguläre Congregationen, ſondern

einfache, zum Theil aus Priestern und Laien beiderlei Geschlechts bestehende, gemischte Vereine mit periodischen Zusammen= künften. Die verfügte Auflösung dieser, sowie der sonstigen un= ter dem Vorwande der Religion gebildeten Verbindungen konnte mithin kein Präjudiz gegen die Zulässigkeit der Orden bilden, da für diese die Religion kein bloßer Vorwand, sondern wirklicher Zweck ist.

Wenn ferner ad 3 des fraglichen Decrets die fortdauernde Anwendung der gegen die Zulassung von Orden mit perpetuellen Gelübden gerichteten Gesetze angeordnet wird, so ist hierüber zu be= merken, daß nur das königliche Patent vom 13./19. Februar 1790 (Hermens I. S. 123—144) die Bestimmung enthält:

„déclarons en conséquence que les ordres et congrégations réguliers dans lesquels on fait de pareils
(solennels) vœux, sont et demeureront supprimés en
France, sans qu'il puisse en être établi.de semblables
à l'avenir,"

dieses in der Sturmperiode ergangene Gesetz aber auf die neuer= worbenen Departements nicht ausgedehnt worden ist, für diese viel= mehr nur diejenigen Gesetze bestehen, welche die Unterdrückung der alten Klöster aussprechen. Auch läßt das „sans qu'il puisse en être établi de semblables" wohl kaum eine andere Deutung zu, als daß reguläre Institute mit ähnlichen Rechten und Privilegien, wie sie sie im alten Frankreich staatlich gehabt hatten, nicht wie= der entstehen, resp. hergestellt werden sollten. Die Anschauung, daß dergleichen Institute als Privatassociationen auch ohne jegliche cor= porative Berechtigung und staatliche Anerkennung bestehen könnten, war der noch an die alten Rechtszustände gewöhnten Auffassung jener Zeit nicht geläufig. —

Wichtig im Messidor-Decret ist die Bestimmung art. IV., daß die Gründung von religiösen Männer= und Frauenassociationen an sich nicht für unzulässig erklärt, sondern nur von der kaiserlichen Autorisation abhängig gemacht wird.

Die Bestimmung ad 6 des Decrets, betreffend die Verfolgung der Zuwiderhandelnden. hat sich als völlig wirkungslos erwiesen,

weil es an einem anwendbaren Strafgesetz fehlte *). In der That
sind denn auch in Frankreich eine große Anzahl von Orden und
Congregationen beiderlei Geschlechts theils autorisirt, theils,
wie die Jesuiten, factisch vorhanden, und das Ordensleben steht
gegenwärtig kaum irgendwo (etwa Belgien ausgenommen) in größerer
Blüthe, als eben in Frankreich.

Als Ergebniß für den Bereich der linksrheinischen Gesetzgebung
stellt sich demnach heraus:

a. daß auch in den dortigen Landestheilen wirkliche Verbots=
gesetze gegen die Gründung von Orden nicht bestanden
haben,

b. daß neue Orden und Congregationen mit staatlicher Au=
torisation entstehen konnten,

c. daß die dem Unterricht und der Krankenpflege gewidmeten
Congregationen und regulären Institute von der Sup=
pression der Klöster ausdrücklich ausgenommen und später
durch kaiserliches Decret förmlich autorisirt worden sind,

d. daß Privatvereinigungen von Ordensbrüdern, selbst von
solchen mit feierlichen Gelübben, wenn sie ohne staatliche
Autorisation sich gebildet hätten, strafgerichtlich nicht
hätten verfolgt werden können.

Die durch den Reichsdeputationshauptschluß vom 25. Februar
1803 für die rechtsrheinischen Landestheile Deutschlands, durch das
kurfürstliche Rescript vom 11. April 1806 für das Herzogthum
Berg, durch die Decrete vom 13. Mai 1809, 1. December 1810
und 3. April 1812 für das Königreich Westphalen ergangenen
Verordnungen über Aufhebung der Klöster enthielten ebenfalls kei=
nerlei, die künftige Errichtung von Klöstern verbietende Disposi=
tionen.

---

*) Die Behauptung in Schulte „Juristische Persönlichkeit" S. 135, daß
die Art. 291—298 des Code pénal die bezüglichen Strafbestimmungen ent=
hielten, ist nicht zutreffend. Ein Blick auf den Inhalt berselben zeigt, daß sie
auf Fälle der Gründung von regulären oder quasiregulären, nicht autori=
sirten Gesellschaften nicht passen. Dies ist auch von den französischen Gerichts=
höfen in judicando festgestellt worden.

In Bezug auf die nach den Befreiungskriegen mit Preußen wieder vereinigten Landestheile und die neu erworbenen Provinzen gibt der Commissionsbericht selbst zu, daß derartige Bestimmungen dort nicht vorhanden seien. Hiernach ist im Allgemeinen soviel richtig, daß bei den im Anfange dieses Jahrhunderts resp. am Ende des vorigen erfolgten Säcularisationen, von denen jetzige Landestheile der Preußischen Monarchie betroffen worden sind, die mit dem Unterricht und der Erziehung, sowie mit der Pflege der Armen und Kranken beschäftigten Klöster eine ausnahmsweise Behandlung erfahren haben, indem sie theils von der Unterdrückung und Einziehung ihrer Güter verschont blieben, theils neu vom Staat botirt werden sollen; die desfallsigen Bestimmungen haben aber mehr eine finanzielle als principielle Bedeutung. Es waren Verfügungen, wodurch die Säcularisation des Kirchenguts ihrem Umfange nach eingeschränkt oder wenigstens eine theilweise Wiederverwendung desselben zu kirchlichen, Unterrichts= und Wohlthätigkeitszwecken zugesichert wurde, so daß der Staat bei der Aufrechthaltung oder Herstellung derartiger kirch= licher Institute an seinem Theil finanziell betheiligt war. Auf einem ganz andern Gebiet aber liegt die Frage,

ob und in wie weit nach der Säcularisation ohne In= anspruchnahme der Staatskasse resp. des säcularisirten Kirchenguts neue Orden entstehen konnten, und in dieser Beziehung Verbotsgesetze vorhanden waren.

Dies ist nicht der Fall. Der Staatsgenehmigung be= durfte es allerdings nach dem damaligen, auf den weitgehendsten Ansichten vom jus circa sacra beruhenden Stande der Gesetzgebung zur Errichtung neuer Orden nach wie vor der Säcularisation, Verbotsgesetze aber, welche die damaligen Regierungsorgane als maßgeblich für die Behandlung dieser Frage hätten betrachten können, lagen gegen keinen Orden vor, weder gegen Franciscaner und Dominikaner, noch viel weniger gegen die Jesuiten.

Freilich hatte dies während der Herrschaft des absoluten Staates nicht viel zu sagen; aber immerhin bleibt es von Wichtigkeit, die Thatsache festzustellen, daß selbst unter der Herrschaft des Absolutismus kein Gesetz gegeben worden ist, was

ben modernen liberalen Tyrannen als Handhabe
bienen könnte, ber Kirche neue Feſſeln zu ſchmieben.
Sollten nach vorſtehenber Auseinanberſetzung gleichwohl noch
Zweifel beſtehen, ſo ſteht uns noch ein weiteres Mittel zu Gebote,
bas hiſtoriſche Funbament bes Gneiſt'ſchen Luftgebäubes in Trümmer
zu legen unb ben Beweis zu führen, baß alle etwaigen Verbots=
geſetze unb grunbſätzlichen Reprobationen gegen bas Orbensweſen
bie Geburtsſtunbe ber preußiſchen Verfaſſung nicht
erlebt haben.

Die Verorbnung über einige Grunblagen ber preußiſchen Ver=
faſſung vom 6. April 1848 beſtimmt nämlich im §. 4, alinea 3:

> „Alle bas freie Vereinigungsrecht beſchrän=
> kenben, noch beſtehenben geſetzlichen Beſtim=
> mungen werben hiermit aufgehoben."

Damit waren alle in ber frühern Geſetzgebung etwa enthal=
tenen Verbote gegen geiſtliche Geſellſchaften, Orben 2c., ſelbſt bie
bis bahin geltenb geweſene Beſchränkung, wonach
zur Grünbung eines Convents reſp. einer Kloſter=
geſellſchaft ober Congregation bie ſtaatliche Geneh=
migung einzuholen war, beſeitigt, unb bie Beſtimmungen
ber Verfaſſungsurkunbe haben in bieſem Betracht bereits ein völlig
freies unb geebnetes Terrain vorgefunben.

B. Die religiösen Orden und Genossenschaften nach Einführung der preußischen Verfassung.

I. Die drei Differenzpunkte des Commissionsberichts.

Die in den Commissionsbericht aufgenommene Erklärung des Regierungs=Commissärs, Geheimen Regierungsraths Linhoff, welcher auch die aus den Ministerien des Inneren und der Justiz entsendeten Commissarien beigepflichtet haben, ergibt, daß die Staatsregierung bisher den religiösen Orden und Genossenschaften gegenüber den verfassungsmäßigen Standpunkt inne gehalten hat.

Der zwischen Klöstern im gesetzlichen Sinne, d. h. staatlich mit Corporationsrechten versehenen geistlichen Gesellschaften, und den Genossenschaften für christliche Wohlthätigkeitszwecke begrifflich bestehende Unterschied ist gebührend hervorgehoben. Er äußert sich praktisch, wenn es sich um Verleihung von Corporationsrechten handelt, welche geistlichen Gesellschaften (kirchlich approbirten Orden mit feierlichen Gelübben, welche sich mit anderen Religionsübungen als der Seelsorge hauptsächlich beschäftigen) nur durch ein förmliches, unter Mitwirkung aller drei Factoren der Gesetzgebung zu Stande zu bringendes Gesetz verliehen werden können (Art. 13 der Verfassungs=Urkunde), während es eines förmlichen Gesetzes zur Verleihung der Rechte einer juristischen Person an die Genossenschaften für christliche Wohlthätigkeitszwecke nicht bedarf, vielmehr nach §. 25, Tit. 6, Th. II. des Allgem. Landrechts die landesherrliche Genehmigung für ausreichend zu erachten ist.

Gerabe biefen Unterfchieb verwifcht bie Rechtsbebuction bes Herrn Gneift mit bem fichtlichen Beftreben, alle religiöfen Genof= fenfchaften irgenb welcher Art in bie Feffeln bes alten Staats= kirchenrechts zurückzuliefern.

Jn brei Punkten ift bie Commiffion anberer Anficht, wie bie Staatsregierung.

Erfter Differenzpunkt.

Abweichenb von ber Anficht ber Staatsregierung behauptet bie Commiffion, baß burch bie Artikel 12, 13 unb 15 ber Verfaffungs= urkunbe bie früheren befchränkenben Gefetze über bie Klöfter unb geiftlichen Drben, worunter hauptfächlich bas Ebict vom 30. Oct. 1810 unb bie oben befprochenen Beftimmungen ber rheinifch=fran= zöfifchen, bergifchen unb weftphälifchen Gefetzgebung — als angeb= liche Verbotsgefetze — gemeint zu fein fcheinen, nicht ohne Wei= teres aufgehoben feien.

Angefichts bes Wortlauts ber Art. 12, 13 unb 15 ber Ver= faffungs=Urkunbe zeugt biefe Behauptung von einer feltenen Miß= achtung befchworener verfaffungsmäßiger Rechte. Kurz unb bünbig fagt ber Artikel 12:

> „Die Freiheit bes religiöfen Bekennt=
> niffes, ber Vereinigung zu Religionsgefell=
> fchaften unb ber gemeinfamen häuslichen unb
> öffentlichen Religionsübung wirb gewähr=
> leiftet."

Was hier ber Verfaffungsftaat gewährleiftet, ift bie unbe= bingte Freiheit, auf religiöfem Gebiete alles basjenige zu thun, was ber abfolute Staat entweber verboten hatte ober vermöge feiner Omnipotenz verbieten konnte, ober wenigftens von feiner Geneh= migung abhängig gemacht hatte. Verboten war zur Zeit ber Ein= führung ber Verfaffung bie Errichtung von Klöftern nicht, wie oben gezeigt worben ift; aber ber abfolute Staat hatte nach §. 10, Tit. 11, Th. II. bes Allgem. Lanbrechts bie Vereinigung zu Re= ligionsübungen von feiner Genehmigung abhängig gemacht unb verftanb unter berartigen, im §. 11 l. c. als Religionsgefell= fchaften bezeichneten Vereinigungen fowohl die **Kirchengesellschaften**, welche sich zur Feier des Gottesdienstes verbunden haben,

als auch

die zu gewissen anderen Religionsübungen vereinigten **geistlichen Gesellschaften**, nämlich die **Klöster, Stifte, Ritterorden**.

Wenn nun die Verfassungs-Urkunde im Art. 12 die Freiheit der **Vereinigung zu Religionsgesellschaften** und der ge= meinsamen häuslichen und öffentlichen Religionsübung, also alles dasjenige gewährleistet, was zum Begriffe und Wesen einer geistlichen Gesellschaft gehört, so ist selbstverständlich damit entweder die früher zur Gründung von Religionsgesellschaften und geist= lichen Gesellschaften erforderlich gewesene, aus dem jus circa sacra und der Bevormundung des absoluten Staates erklärbare Staats= genehmigung weggefallen, oder die Worte, ja die feier. lichen Zusicherungen der Verfassungs=Urkunde ha= ben ihre Bedeutung verloren. Ebenso verhält sich die Sache unter der nicht zugegebenen Voraussetzung, daß selbst wirk= liche Verbotsgesetze der Errichtung neuer Klöster entgegenge= standen hätten.

Die Deduction des Herrn Dr. Gneist, daß im Art. 12 unter „Religionsgesellschaften" die „geistlichen Gesellschaften" nicht ge= meint seien, ist falsch. Die Verfassungs=Urkunde hat keine von dem Allgemeinen Landrecht, welches man in Bezug auf so allgemeine Grundsätze des öffentlichen Rechts als maaß= geblich für den Bereich der ganzen Monarchie betrachten darf, ab= weichende Terminologie, und abgesehen davon trifft der Wortlaut des Art. 12, gerade auf geistliche Gesellschaften ange= wendet, das Wesen der Sache, da die gemeinsame häusliche und öffentliche Religionsübung ein Hauptkriterium der geist= lichen Gesellschaften ist.

Wenn Herr Gneist behauptet, im Art. 13 der Verfassungs= Urkunde würden die geistlichen Gesellschaften von den Religions= gesellschaften geschieden, so ist wenigstens dieser Ausdruck, wel= cher beide als der Gattung nach verschiedene Gesellschaften hin= zustellen bezweckt, durchaus unzutreffend.

Der Art. 13 führt die geistlichen Gesellschaften, ungeachtet ihrer gesetzlich definirten und bei der Revision der Verfassung auch nicht streitig gewordenen Qualität als Species der Religionsgesellschaften, neben ben Religionsgesellschaften an, um jedem möglichen praktischen Zweifel über die Anwendbarkeit der diesfälligen Bestimmung auch auf geistliche Gesellschaften im Voraus vorzubeugen. Dies ergiebt sich aus der von dem Abgeordneten Bornemann bei der Revision der Verfassungs=Urkunde in der Ersten Kammer über diesen Gegenstand unter Hinweis auf die Terminologie des Allgemeinen Landrechts (§§. 11 u. 12, Tit. 11, Th. II.) gemachte Bemerkung, „es müsse das, was man hinsichtlich der geistlichen Gesellschaften anordnen wolle, speciell ausgedrückt werden, damit darüber gar kein Zweifel bestehen könne" (Stenogr. Berichte der Ersten Kammer 1849/50, Bd. II., S. 265).

Der Art. 12 gewährt aber auch die Freiheit des religiösen Bekenntnisses überhaupt. Diese besteht darin, daß man nicht blos die bestimmten Gebote einer Religion, sondern auch die Rath= schläge derselben befolgen kann. Nun ist es ein Grundsatz der katholischen Religion, daß man durch Ablegen der Gelübde und durch Beobachtung der Regeln, denen man sich durch diese Ge= lübbe unterwirft, einen Rath der heiligen Schrift befolgt. Verbietet man das Ablegen von Gelübben und die Befolgung von Ordensregeln, so verstößt man gegen die Verfassungs=Urkunde, wo= nach Jeder seine Religion mit gleicher Freiheit bekennen kann. Be= stände ein solches Verbot, so wäre die Freiheit keine gleiche mehr für die Katholiken und für die Protestanten oder Juden; denn diese dürfen ihre Religion nach deren ganzem Umfange bekennen, während der Katholik die seinige nur in beschränktem Maaße be= kennen und namentlich das nicht thun dürfte, was seine Kirche als den höchsten Grad christlicher Vollkommenheit be= trachtet.

Weiter bestimmt der Art. 15 der Verfassungs=Urkunde:

„Die evangelische und die römisch=katholische Kirche, sowie jede andere Religionsgesellschaft ordnet und ver= waltet ihre Angelegenheiten selbstständig und bleibt im Besitze und Genusse der für ihre Cultus=, Unterrichts= und Wohlthätigkeitszwecke bestimmten Anstalten, Stiftun= gen und Fonds."

Daß die Einführung von Orden, die Gründung von Klöstern
und ähnlichen kirchlichen Instituten, die Leitung derselben, die Für=
sorge für und die Aufsicht über sie zu den Angelegenheiten der ka=
tholischen Kirche gehören, kann nicht bestritten werden. Wenn nun
der Kirche durch die vorstehende Verfassungsbestimmung nicht nur
die Ordnung und Leitung ihrer Angelegenheiten, sondern hierin
auch Selbstständigkeit (Autonomie) garantirt ist, wird man
da wohl, ohne der Verfassung Gewalt anzuthun, behaupten können,
daß dennoch der Staat die Einrichtung von Klöstern nach Will=
kühr hindern, in die Thätigkeit der Bischöfe und Klosteroberen
eingreifen und überhaupt in diese Angelegenheiten durch Ertheilung und
Versagung von Genehmigungen nach Belieben hineinregieren könne,
wie zur Zeit, als das jus circa sacra und die polizeiliche Bevor=
mundung des absoluten Staates in voller Blüthe stand? Sehr tref=
fend bemerkt hiergegen Saedt im Rheinischen Archiv, Band 58
II. Abth. B. S. 93, über die legislative Wirkung des Art. 15
auf die frühere Gesetzgebung sich aussprechend:

„Die Verfassung ist in der Form und mit der
Wirkung eines Gesetzes erlassen. Der Art. 15 bildet
einen Bestandtheil derselben; seine Wirkung auf die bis=
herige Gesetzgebung ist daher nach allgemeinen Rechtsre=
geln zu bemessen. Seinem Inhalte nach verheißt derselbe
nicht eine erst anzuordnende Selbstständigkeit der Kirchen,
sondern er verordnet diese Selbstständigkeit als allgemeine
Regel. Die damals bestehende Gesetzgebung enthielt eine
Reihe einzelner, auf einem jener Regel entgegenstehenden
allgemeinen Prinzip beruhender Gesetze, deren
Fortbestehen nicht etwa in der Form von Ausnahmen
von der Regel des Art. 15 gerechtfertigt werden könnte,
sondern deren Existenz mit dem Art. 15 so unverträg=
lich sein würde, daß, wenn sie nicht gleichzeitig durch
denselben niedergeschlagen würden, seine Realisirung un=
möglich wäre. Sobald aber ein neues allgemeines Gesetz
in einem derartigen Gegensatze zu den bestehenden Spe=
cial=Gesetzen steht, so steht dessen aufhebender Kraft nicht
das Axiom lex generalis non derogat legi speciali
entgegen, sondern es muß der Natur der Sache nach die

Aufhebung des Aggregats aller widersprechenden Einzel-
heiten der früheren Gesetze die unmittelbare Wirkung
desselben sein (Vergl. Thibaut, Civil-Abhandl., 7. Ab-
handl.: „Ueber besonderes Recht und neue Regeln").
Dies bestätigt dann auch der Art. 109 der Verfassung,
indem er die Bestimmungen der bestehenden Gesetzes-
bücher, einzelner Gesetze und Verordnungen, welche der
Verfassung nicht zuwiderlaufen, in Kraft läßt, bis sie
durch ein Gesetz abgeändert werden, und damit anerkennt,
daß die der Verfassung zuwiderlaufenden durch
diese selbst außer Kraft gesetzt werden."

Heißt es also nicht, mit den feierlichen Sanctionen der Verfassungsurkunde ein vermessenes Spiel treiben, wenn man gegen
dieselben alte mit ihr unverträgliche Gesetze wieder anruft? Herr
Dr. Gneist fühlt dies sehr wohl. Darum construirt er sich eine besondere Specialität von katholischer Kirche für den Preußischen
Staat, indem er die merkwürdige Behauptung aufstellt, der Art. 15 cet.
garantire die katholische Kirche in Preußen mit ihren zur Zeit der
Publication der Verfassung bestehenden Einrichtungen; es könne
damit nicht gemeint sein eine Anerkennung aller in früheren Jahrhunderten oder in anderen Ländern innerhalb der katholischen
Kirche vorkommenden Einrichtungen, womit beispielsweise die geistlichen Ritterorden ohne Weiteres in Kraft treten würden.

Hiernach wäre die katholische Kirche im Preußischen Staate
eine, auf gewisse, zu einer bestimmten Zeit vorhanden gewesene Formen und Einrichtungen beschränkte Schablone, ein jeder selbstständigen Lebensregung unfähiger Mechanismus, eine, von
der katholischen Kirche in andern Ländern und in früheren Jahrhunderten losgerissene, territoriale Institution. Diese Auffassung ist eine Absurdität. Die Verfassungsurkunde sichert bezeich-
nend genug der römisch-katholischen Kirche die selbstständige Ordnung und Leitung ihrer Angelegenheiten zu, es giebt aber nur eine
in sich einige römisch-katholische Kirche mit dem Papst als Ober-
haupt, welche als ein über die ganze Welt verbreiteter lebendiger
Organismus überall aus sich selbst heraus Leben erzeugt und
Einrichtungen schafft, wie sie dem Streben nach christlicher Vollkommenheit und den jeweiligen Bedürfnissen der Zeit und der Völ-
ker entsprechen. Hiernach kann der zur Zeit des Erlasses der Ver-

faffungs-Urkunde vorhandene, durch Staatsbevormundung geschaffene
Zustand der Beschnittenheit und Einschränkung der kirchlichen Institutionen nicht als eine mit der katholischen Kirche im Preußischen
Staat unzertrennbar verbundene, von der frei gewordenen Kirche
noch dazu selbst zu conservirende Individualität betrachtet werden,
sondern, wenn die Kirche selbstständig ist in der Ordnung und Verwaltung ihrer Angelegenheiten, so muß sie auch berechtigt sein, grade
da ihre Selbstständigkeit am meisten zu bethätigen, wo der Zwang der
früheren Staats-Kirchengesetzgebung ihre freie Bewegung am meisten
gehindert hatte.

Daß man bei der Revision der Verfassungs-Urkunde im Jahre
1849/50 in beiden Kammern sich dessen vollständig bewußt war, wie
mit den jetzigen Artikeln 12 und 15 der Verfassungs-Urkunde der
katholischen Kirche die vollständigste Freiheit der Bewegung auch in
Bezug auf die Gründung von Klöstern und die Einführung von Orden
gewährt würde, diese Thatsache ergiebt als unzweifelhaft ein Blick in
die Verhandlungen der damaligen Ersten Kammer über den von der
Verfassungs-Commission als Zusatz zum Art. 11 (jetzigen Art. 12)
der Verfassungs-Urkunde in Antrag gebrachten nunmehrigen Art. 13
derselben und über das von dem Abgeordneten v. Ammon dazu gestellte, von beiden Kammern angenommene Amendement, durch welches
die Worte „so wie die geistlichen Gesellschaften" in den
gedachten Zusatz eingeschoben und somit der Art. 13 in seiner jetzigen
Fassung hergestellt wurde. Die in der Anlage C beigedruckten Reden
der Abgeordneten v. Ammon und Wachter sprechen dies klar aus. Beschränken wollte man nur die Ertheilung von Corporationsrechten an geistliche Gesellschaften, indem man dazu das Erforderniß eines förmlichen Gesetzes aufstellte; aber die unbeschränkte
Freiheit der Association auch auf religiösem Gebiet betrachtete man als
eine ausgemachte Sache; ja grade auf dieser Voraussetzung beruht
das von Ammon'sche Amendement, welches gar nicht nöthig gewesen
wäre, wenn man staatliche Verbote gegen die Errichtung neuer Orden als bestehend betrachtet hätte.

Ueber die gesetzliche Ordnung der geistlichen Gesellschaften ist
allerdings, wie Herr Dr. Gneist richtig bemerkt, bei Revision der
Verfassungs-Urkunde in den Kammern nicht gesprochen worden; aber
grade dieses Schweigen ist ein sehr beredter Ausdruck dafür, daß
jene constituirenden Versammlungen sich bewußt waren, daß wenn

3

sie den Preußischen Staatsangehörigen die Freiheit des religiösen Bekenntnisses und der Vereinigung zu Religionsgesellschaften und dazu den Kirchen die Selbstständigkeit in der Leitung und Ordnung ihrer Angelegenheiten gesichert hatten, für sie nichts weiter auf diesem Gebiet zu ordnen übrig blieb, indem sich die Ordnung dieser Angelegenheiten nach dem Gesetze der Freiheit auf kirchlichem Gebiete selbst vollziehen mußte.

Zweiter Differenzpunkt.

Anlangend die Frage,

> ob und in wie weit die mit Corporationsrechten bestehenden alten Klöster nach Erlaß der Verfassung noch den Beschränkungen des Allgem. Landrechts II. 11. 939. ff. unterliegen,

so ist aus den Erklärungen der Regierungscommissarien nicht zu ersehen, daß sie eine unterschiedslose Aufhebung jener Special-Bestimmungen auch bezüglich auf die älteren Klöster behauptet hätten.

Daß aber der Art. 15 der Verfassungs-Urkunde auch auf das Gebiet der Kloster-Angelegenheiten seine Wirkungen äußern mußte, unterliegt wohl keinem Zweifel; denn die Klöster sind nicht ausgenommen worden. Ebenso hat die Bestimmung des Art. 16:

> „Der Verkehr der Religionsgesellschaften mit ihren Oberen ist ungehindert,"

sowie der Art. 18:

> „Das Ernennungs-, Vorschlags-, Wahl- und Bestätigungsrecht bei Besetzung kirchlicher Stellen ist, so weit es dem Staate zusteht und nicht auf dem Patronat oder besonderen Rechtstiteln beruht, aufgehoben,"

auch für Klöster Geltung. Nicht minder sind alle diejenigen staatlichen Beschränkungen, welche den Klostergesellschaften gegenüber sonst noch aus dem Gesichtspunkte des landesherrlichen jus circa sacra eingeführt waren und mit der Autonomie und Selbstständigkeit der Kirche nicht vereinbar sind (cf. Erlaß des Ministers der geistlichen Angelegenheiten vom 6. Januar 1849 bei Vogt Kirchenrecht S. 26) durch die Verfassungs-Urkunde als beseitigt zu erachten.

Beſtehen geblieben ſind nur ſolche Beſtimmungen, welche zum
Schutze der Freiheit und Integrität der Perſon und zu
Gunſten der Rechte Dritter, mögen ſolche nun perſönlicher oder
ſachlicher Natur ſein, erlaſſen ſind und mit dem jus circa sacra un=
mittelbar in keiner Beziehung ſtehen.

Beiſpielsweiſe wird es keiner ſtaatlichen Genehmigung mehr
bedürfen zur Exemtion der Kloſteroberen von der Aufſicht der Biſchöfe,
keiner Approbation des Staates zu der von einem höhern Ordens=
obern erfolgten Einſetzung eines Kloſterobern (§. 1062. Tit. 11.
Th. II. Landrechts), keiner Einwilligung des Staats zur Ausübung
einer Gewalt, Direction oder Gerichtsbarkeit Seitens ausländiſcher
Ordensoberen über inländiſche Kloſtergeſellſchaften (§. 1061. 136),
keiner Genehmigung des Staats zu Viſitationen inländiſcher Klöſter
durch ausländiſche Oberen (§. 1063), zur Verſchickung von Mitgliedern
außerhalb Landes und zur Aufnahme auswärtiger Mitglieder in in=
ländiſche Klöſter (§. 1068), unbeſchadet jedoch der vom Standpunkte
der Polizei zuläſſigen Ausweiſung Fremder, und keiner Erlaubniß des
Staats zur Aufnahme Preußiſcher Unterthanen in Klöſter (§. 1161),
vorbehaltlich der Rechte der vormundſchaftlichen Behörde über Min=
derjährige. Ebenſo iſt der Landesherr nicht mehr berechtigt zur Be=
ſetzung der Stelle eines Ordensobern in Fällen, in welchen das
Wahlrecht eines Convents wegen Unregelmäßigkeit verloren wird
(§. 1012).

Nicht minder ſind Beſtimmungen, wie diejenigen der §§. 943.
1060:

„daß die Ordensleute den Pfarrern in ihren Amtsverrich=
tungen keine Eingriffe thun und ſich auch einzelne zur Seel=
ſorge gehörige Handlungen ohne Erlaubniß des Biſchofs
nicht anmaßen dürfen“,
„und daß die Ordensoberen den Biſchöfen der Diöceſen nicht
in ihre Gerechtſame eingreifen dürfen,“

für den Staat antiquirt, da ſie nur das kirchliche Gebiet betreffen.
Kirchlich iſt dieſer Punkt übrigens beſtens geregelt, da die Biſchöfe
jetzt unbeſtritten Herren in ihren Diöceſen ſind und ſich von den
Orden in ihre Jurisdictionsrechte nicht eingreifen laſſen, wie
denn überhaupt die Einführung und Verwendung der Orden le=
diglich Sache der Biſchöfe iſt und von den Ordensoberen nicht

3 *

selbstständig durchgesetzt wird, womit ein großer Theil der Besorg=
nisse des Herrn Dr. Gneist und sonstiger Freunde der kirchlichen
Freiheit sich von selbst zerstreuen dürften.

Dagegen wird z. B. die fortdauernde Giltigkeit der Bestim=
mungen in den §§. 1160. 1163. 1166. 1167. 1173—1175. 1179.
1182 ff. 1199 ff. 1206 ff. je nach Lage des besondern Falles
für Klöster im legalen Sinne nicht in Abrede zu stellen sein, da
hierbei wesentlich andere Gesichtspunkte als das jus circa sacra
in Betracht kommen. Es sind jedoch nicht diese letzteren Beschränkungen,
auf deren Beibehaltung Herr Dr. Gneist Gewicht legt, sondern im
Gegentheil die mit den oben allegirten Verfassungsbestimmungen im
Widerspruch stehenden, obwohl er dies durch Vermischung der einen
mit den anderen in geschickter Weise zu verdecken sucht.

Die von ihm citirten Urtheile des Ober=Tribunals (Entschei=
dungen XXIV. S. 301. XXVII. S. 375. XLIV. S. 194) behan=
deln allerdings beiläufig die Frage über das Verhältniß der Art. 12
und 15 der Verfassungs=Urkunde zu älteren Specialgesetzen, aber
unter ganz anderen thatsächlichen Gesichtspunkten als diejenigen sind,
worauf es hier ankommt. Es ist in diesen Urtheilen nämlich nicht
die Freiheit des religiösen Bekenntnisses (Art. 12) und beziehungs=
weise die Selbstständigkeit der Kirche in der Ordnung und Leitung ihrer
Angelegenheiten (Art. 15) an sich in Frage, sondern es handelt
sich nur um privatrechtliche Folgen des bloßen Austritts aus einer
Religionsgesellschaft und der Seitens eines Bischofs angeordneten
Entlassung eines kirchlichen Beamten.

Es besagt nämlich das Präjudiz Bd. XXIV. S. 301:

> daß es den Mitgliedern der in der Provinz Posen be=
> stehenden Synagogengemeinden nicht gestattet sei, aus der
> Gemeinde, zu welcher sie gehören, auszutreten und sich
> dadurch von den mit der Mitgliedschaft ver=
> bundenen Pflichten (Beiträgen) zu befreien, wenn
> sie nicht zugleich ihren Wohnsitz verändern (und dadurch
> Mitglieder einer andern Synagogengemeinde werden);

das Präjudiz Bd. XXVII. S. 375:

> daß der erklärte Austritt aus einer Gemeinde der evan=
> gelischen Kirche den Austretenden von den bisher ge=
> tragenen Parochiallasten noch nicht, sondern nur

dann erſt befreie, wenn er einer andern vom Staate aner=
kannten Religionsgeſellſchaft ſich angeſchloſſen habe;
das Präjubiz Bb. XLIV. S. 194 erörtert die´ rein factiſche Frage,
ob ein Bisthumsſyndicus und Juſtitiarius von ſeinem Bi=
ſchof auf Grund des §. 408. Tit. 5. Allgem. Landrechts
ſeiner Aemter entlaſſen werden könne,
und bemerkt beiläufig in den Grünben,

> daß der Art. 15 der Verfaſſungs=Urkunde, ſelbſt wenn man
> ihm die weiteſte Ausdehnung geben wolle, doch niemals
> zu der Schlußfolgerung berechtigen könne: es ſeien damit
> alle auf die kirchlichen Verhältniſſe näher ober entfern=
> ter ſich beziehenden Landesgeſetze ohne Weiteres der ka=
> tholiſchen Kirche gegenüber beſeitigt und außer Kraft ge=
> ſetzt, es hänge mithin nunmehr lediglich von dem betreffen=
> den Biſchofe ab, ob er die Namens ſeines Stuhles
> eingegangenen Verbindlichkeiten erfüllen wolle
> ober nicht, er ſei insbeſondere befugt, den geſetzlich ange=
> ſtellten Juſtitiarius willkührlich ſeines Dienſtes zu ent=
> laſſen. Eine berartige Gewalt räume weder der Art. 15
> noch ein anberes Geſetz dem Biſchofe ein. Insbeſondere
> könne es auch nicht aus dem Art. 18 gefolgert werden ꝛc.

Weiter geht allerdings das bekannte Präjubiz des Rheiniſchen
Senats des Königl. Ober=Tribunals vom 19. Mai 1863 (Rhein.
Archiv Bd. 58. 2 A. S. 1.), wodurch der Grundſatz ausgeſprochen
wurde,

> daß durch den Art. 15. der Verfaſſungs=Urkunde die Vor=
> ſchrift des Art. 77 des franzöſiſchen Decrets vom 30. De=
> cember 1809 über die für die Kirchenfabriken erforderliche
> ſtaatliche Autoriſation zur Führung ihrer Proceſſe nicht
> aufgehoben ſei.

Allein das Erforberniß der ſtaatlichen Autoriſation zur Pro=
ceßführung von Seiten der Kirchenfabriken iſt in den Entſcheibungs=
gründen durch die Behauptung zu begründen verſucht worden, daß
die ſtaatsgeſetzlich organiſirte Verwaltung eines zunächſt aus Staats=
mitteln erwachſeneu und in Bebürfnißfällen fort und fort aus den
Steuerzuſchüſſen der ſämmtlichen Civilgemeinde=Mitglieder mit zu

ergänzenden Communalvermögens blos darum, weil die Benutzung
und die Erträge desselben bestimmten Zwecken des katholischen Gottesdienstes gewidmet seien, nicht als eine Angelegenheit der katholischen
Kirche, sondern als eine communale zu betrachten sei. Ueber
die legislative Wirkung des Art. 15 der Verfassungs-Urkunde in
Bezug auf ältere, lediglich das Gebiet der kirchlichen Angelegenheiten berührende Gesetze hat sich dagegen das gedachte Erkenntniß
nicht bestimmt ausgesprochen, ja es vielmehr dahingestellt sein lassen, ob in dem fraglichen Artikel nicht blos das verfassungsmäßige
Anerkenntniß desjenigen Maßes der Selbstständigkeit der katholischen
Kirche im Ordnen und Verwalten ihrer Angelegenheiten vorliege, die
sie bei Publication der Verfassung bereits besaß, oder ob darin auch
die verfassungsmäßige Verheißung zu finden sei, daß die Selbstständigkeit der katholischen Kirche im Ordnen und Verwalten ihrer Angelegenheiten über den durch Art. 15 und 18 erweiterten Umfang ihres
nunmehrigen Besitzstandes hinaus künftig noch vermehrt werden solle.

Ist hiernach das Citat des Herrn Dr. Gneist schon an sich von
zweifelhaftem Werth für die Bestätigung seiner Behauptungen, so finden dieselben ihre vollständige Widerlegung in dem, einen gleichen Fall
betreffenden Urtheile des Rheinischen Senats vom 11. Juli 1865
(vergl. v. Moy's Archiv für Kirchenr. Bd. 15. S. 3), welches von der
Anerkennung des Fundamentalsatzes ausgeht, daß der Art. 15 der
Verfassungs-Urkunde den Kirchen- und Religions-Gesellschaften in
Preußen staatsgrundgesetzlich die volle Selbstständigkeit im
Ordnen und Verwalten nicht nur ihrer inneren, sondern auch ihrer
äußeren Angelegenheiten gewährt habe, und fügt diesem Satze wenigstens indirect die nach Art. 109 der Verfassungs-Urkunde nicht zu
versagende weitere Anerkennung hinzu, daß alle Bestimmungen der
bestehenden Gesetzbücher, einzelnen Gesetze und Verordnungen, welche
jenem Verfassungssatze zuwiderlaufen, resp. mit demselben nicht ver-
träglich seien, als aufgehoben betrachtet werden müßten (cf. v. Moy's
Archiv Bd. 16. S. 3. ff.).

Ueberdies hätte Herr Dr. Gneist auch in dem von ihm selbst citirten 58. Bande des Rheinischen Archivs, 2. Abth. B. S. 3. ff.
nämlich in dem dort abgedruckten Aufsatze von Sädt über das Verhältniß der Kirchenfabriken auf dem linken Rheinufer 2c., seine Ausführungen mit schlagenden Gründen widerlegt finden können.

Dritter Differenzpunkt.

Der Commissionsbericht erörtert hier das Verhältniß des Staats zu den seit Erlaß der Verfassungs-Urkunde entstandenen neuen geistlichen Orden und Genossenschaften, auf welche die Regierung lediglich die Verordnung vom 11. März 1850 über das Vereins- und Versammlungsrecht angewendet wissen will. Die Differenz zwischen dieser Auffassung der Regierung und derjenigen der Commission gipfelt, wie Herr Dr. Gneist bemerkt, in der Frage:

„Werden die geistlichen Orden und Gesellschaften den in unserer Gesetzgebung enthaltenen Verboten und Beschränkungen dadurch enthoben, daß sie (unter Verzicht auf Corporationsrechte als Klöster) die von den Ordens-Brüdern und -Schwestern geleiteten Anstalten als Waisenhäuser, Erziehungsanstalten oder andere Stiftungen incorporiren oder concessioniren lassen?"

Die Tragweite der Deduction des Herrn Dr. Gneist geht aber viel weiter als die gestellte Frage. Bei letzterer kann an die indirecte Erlangung von Corporationsrechten oder wenigstens ihrer Vortheile gedacht werden, welche gewissermaßen dadurch eintritt, daß einer durch das bezügliche Statut mit einer geistlichen Gesellschaft in unauflösliche Verbindung gesetzten Anstalt Corporationsrechte verliehen werden, z. B. einem Krankenhause, einem Hospital oder Waisenhause, unter der statutenmäßigen Bestimmung, daß Ordensschwestern einer bestimmten Congregation die Leitung derselben übernehmen sollen, wozu es nicht einmal eines Gesetzes, sondern nur eines landesherrlichen Erlasses bedürfen würde.

Ueber die Wirkungen einer solchen Incorporation bezüglich auf die Frage wegen Anwendbarkeit der für die Klöster im gesetzlichen Sinne in den §§. 939 ff. 1057 ff. 1160 ff. Tit. 11. Th. II. Allg. Landrechts enthaltenen Einschränkungen, so weit sie überhaupt durch die Verfassungs-Urkunde nicht beseitigt sind, könnte allenfalls gestritten werden, obwohl wir entschiedener für die Verneinung dieser Frage würden sentiren müssen, weil es immer die Anstalt und nicht die zur Verwaltung derselben bestellte geistliche Gesellschaft wäre, welche Corporationsrechte erhalten hätte. Aber Herr Dr. Gneist behandelt in seiner Ausführung die Sache in solcher Allgemeinheit, daß er überhaupt und ohne Einschränkung die seit der Verfassungs-Urkunde neu gebildeten geistlichen Gesellschaften in das landrechtliche System der Klostergesetzgebung hineinzwängen will, und nicht blos diese, sondern selbst die dem Unterricht, der Erziehung und Krankenpflege gewidmeten Genossenschaften, welche nicht zu den geistlichen Gesellschaften zählen; ja es scheinen diese hauptsächlich zu sein, denen die Lebensadern unterbunden werden sollen, damit der katholischen Kirche selbst die praktische Ausübung des Christenthums unmöglich gemacht und die menschliche Gesellschaft in jeder Hinsicht der concurrenzlosen Ausbeutung des religionsfeindlichen Liberalismus überliefert werde. Herr Dr. Gneist spricht dies selbst mit einer seltenen Offenheit aus, indem er den Satz hinstellt: „die Commission sei mit der Regierung der Ansicht, daß es im Sinne der Verfassung liege, Vereine gewähren zu lassen, so weit sie nicht in das äußere Leben eingreifen. Wo sie dagegen in ihrer Eigenschaft als Ordensbrüder die Leitung von Waisenhäusern, Kranken= und Erziehungsanstalten beanspruchen, da werde die Regierung sich den (weiter unten zu beleuchtenden) im Commissionsbericht aufgeführten fünf Erwägungen nicht entziehen können.

Die Frage muß demnach, wenn wir vorerst noch die Terminologie des Herrn Dr. Gneist beibehalten, dahin gestellt werden:

Sind die — nach Einführung der Verfassung ohne Besitz von Corporationsrechten gebildeten — geistlichen Orden und Gesellschaften den Beschränkungen unterworfen, welche das Allgem. Landrecht bezüglich der geistlichen Gesellschaften, insbesondere der Klostergesellschaften, Mönche und Ordensleute aufgestellt hat, oder nicht?

Zunächst ist so viel unbestreitbar, daß die gedachten landesherrlichen Bestimmungen beschränkt sind

a. in territorialer Hinsicht — auf den Geltungsbereich des Allgem. Landrechts,

b. in materieller Hinsicht auf die geistlichen Gesellschaften, resp. Klöster im Sinne der §§. 939. 1157. Tit. 11. Th. II.

Sie sind daher selbstverständlich unanwendbar auf die linke Rheinseite und auf alle Landestheile, wo das gemeine Recht gilt;

überdies im Bereiche der ganzen Monarchie auf Männer- und Frauen-congregationen, deren h a u p t f ä ch l i ch e Beschäftigung nicht in be-sonderen R e l i g i o n s ü b u n g e n außer der Seelsorge, resp. dem öffentlichen Gottesdienst, sondern in Unterricht, Erziehung und Pflege kranker und hilfsbedürftiger Personen besteht. Es kann dies bei der Sucht des Herrn Dr. Gneist, diesen wichtigen Unterschied zu verwi-schen, nicht scharf genug betont werden.

Was hiernächst noch übrig bliebe, wären die geistlichen Gesell-schaften, Klöster in sensu stricto für den Geltungsbereich des Land-rechts. Daß aber auch Neubildungen dieser Art jenen, für die alten Klöster ergangenen Bestimmungen nicht unterliegen, hat seinen Grund nicht allein in dem Mangel eines derjenigen gesetzlichen Requisite, welche zu den wesentlichen begrifflichen Voraussetzungen der geistlichen Gesellschaften im landrechtlichen Sinne gehören, sondern auch in der durch die Verfassung ganz veränderten Gestaltung des öffentlichen wie privaten Rechtslebens im Staate.

Früher bildeten die Klöster einen integrirenden Theil des Staats-lebens, die geistlichen Gesellschaften nahmen als solche eine besondere Stellung in den öffentlichen Verhältnissen ein, und der Stand des Or-densmannes und der Klosterfrau war sowohl hinsichtlich der Rechte als auch der Pflichten ein durch die Gesetzgebung geregelter. Die aus der staatlichen Anerkennung eo ipso folgende Qualität einer Corpo-ration war ein wesentliches Stück der Ordensverfassung, wenigstens in Bezug auf das Verhältniß der Klöster zur Außenwelt. Die gesetz-lichen Beschränkungen aber standen mit der Corporationseigenschaft der Klöster in gar keinem c a u s a l e n Zusammenhange, weder als V o r a u s s e t z u n g, noch als F o l g e; sie entsprangen vielmehr den Rechtsanschauungen der damaligen Zeit über das jus circa sacra, die Omnipotenz der absoluten Fürsten und die Nothwendigkeit der Amortisationsverbote.

Den Orden standen außer der Corporationsqualität an sich noch vielseitige Aequivalente in dem Schutze gegenüber, welchen der Staat ihrer kirchlichen Verfassung gewährte. Dieselben standen zum Staat in keinem andern Verhältnisse wie die Kirchengesellschaften, wie dies §. 949. Tit. 11. Th. II. Allgem. Landrechts ausdrücklich besagt. — Gleich den Kirchengesellschaften haben sie von der Einführung der Ver-fassung den Vortheil der Emancipation von den aus dem jus circa sacra hergeleiteten Beschränkungen erlangt. Auf welchen Gesichtspunk-

ten das jus circa sacra beruhte und sich in der Gesetzgebung der
Kirche und ihren Institutionen gegenüber ausgestaltet hatte, ob hierbei die staatliche Sicherheit und der kirchliche Friede maßgebend gewesen sind, ist an sich völlig gleichgiltig. **Thatsache ist, daß die
Verfassungs-Urkunde jene Zustände als unhaltbar beseitigt und an Stelle derselben die unbedingte Freiheit des Religionsbekenntnisses, das Recht der Vereinigung zu religiösen Gesellschaften, sowie die Autonomie der Kirchen gesetzt hat.**
Dieser Zustand verhält sich zum früheren wie Tag und Nacht;
eine Analogie der Verhältnisse besteht nicht. Heute ist der Stand der
Ordensleute kein staatlich geschützter Lebensberuf mehr; er beruht lebiglich auf der eigenen Ueberzeugung und auf der Stimme des Ge-
wissens. Im Rechtsleben des Volkes wird von demselben keine Kenntniß genommen, der Stand als solcher wird nicht anerkannt, und keiner
Gesellschaft von Ordensleuten wird gegen ihre Glieder, wenn sie einen
anderen Beruf wählen wollen, irgendwie Schutz gewährt. Alles regelt
sich auf diesem Boden wie anderwärts im socialen Leben nach dem
Gesetze der Freiheit mit der einzigen Maßgabe, daß durch den freige-
wählten Beruf des Ordensmannes den staatsbürgerlichen Pflichten,
z. B. der Militär- und Abgaben-Pflicht, kein Eintrag geschehen darf
(Art. 12 der Verfassungs-Urkunde).
Selbst die Verleihung von Corporationsrechten an eine geistliche
Gesellschaft, wenn sie in einem concreten Falle durch Gesetz erfolgen
sollte, würde unseres Dafürhaltens nicht den Effect haben, die neue
Corporation den alten Klostergesetzen zu unterwerfen, weil diese ein
Verhältniß des Staats zur Kirche, sowie des einzelnen Staatsbür-
gers zum Staate und zur kirchlichen Gesellschaft voraussetzen, welches
nicht mehr besteht und ohne Verletzung verfassungsmäßiger Zustände
auch nicht wieder eingeführt werden kann.
Will man so weit nicht gehen, so ist doch mindestens durch obige
Erörterung außer Zweifel gestellt, daß die nicht mit Corporationsrechten ausgestatteten geistlichen Gesellschaften nicht nach den für die
Klöster im legalen Sinne gegebenen Gesetzen beurtheilt werden können.
Dieser Ansicht ist auch das königliche Ober-Tribunal nach dem Erkenntniß vom 27. November 1860 (Striethorst Arch. Bd. 39. S. 231),
welches folgende Sätze aufstellt:

a. „Eine Gesellschaft kann nur mit Genehmigung des Staats zu einer K l o s t e rgesellschaft gebildet und dadurch zu einer Corporation erhoben werden. Daher kann von der Exi= stenz eines Klosters im Sinne des Allg. Landrechts die Rede nicht sein, bevor dasselbe die Genehmigung des Staats erhalten und damit zu einer Corporation erhoben ist." Allgemeines Landrecht II. 11. §§. 939. 948 ff. 1057. (Die Form, in welcher der Staat hier einzuwirken hätte, wäre nach Art. 13 der Verfassungs=Urkunde allerdings die eines G e s e h e s.)

b. Die Bestimmung der §§. 1199—1201. II. 11. des Allg. Landrechts — nach welcher Mönche und Nonnen nach ab= gelegtem Klostergelübde in Ansehung aller weltlichen Ge= schäfte als verstorben angesehen werden — setzt die Ab= legung eines wirklichen Klostergelübbes (feierlichen!) vor= aus — mithin mit der Bedeutung: daß damit der Ein= tritt in ein Kloster, also in eine g e i s t l i c h e G e s e l l = s c h a f t, bewirkt werden soll, welche nach den obengedach= ten Gesetzen d i e G e n e h m i g u n g d e s S t a a t s e r = h a l t e n h a t und dadurch z u e i n e r C o r p o r a t i o n e r h o b e n i s t (Allg. Landrecht II. 11. §§. 1199—1201).

c. Dadurch allein, daß eine Stiftung (Anstalt) zur Erziehung und zum Unterricht der weiblichen Jugend, sowie zur Pflege alter, schwächlicher Personen unter die Leitung einer geist= lichen Gesellschaft, z. B. der Genossenschaft der barmher= zigen Schwestern oder der Schwestern Unserer Lieben Frau, gestellt ist (ganz der Fall der obigen Frage des Herrn Dr. Gneist), e r h ä l t d i e s e l b e n o c h n i c h t den Cha= rakter eines Klosters.

Daher verliert durch den, unter Ablegung des Ge= lübdes der Keuschheit, der Armuth und des Gehorsams, erfolgten Beitritt zu einer solchen Gesellschaft die Ein= tretende noch nicht die Disposition über ihr Vermögen (Verfassungs=Urkunde vom 30. Januar 1850. Art. 12. 15. 23. 30. 31).

Mit dieser Entscheidung conform ist auch diejenige des Ap= pellationsgerichts zu Arnsberg in dem in v. Moy's Archiv Bd. 23. S. 143 angeführten Falle.

Die Gleichheit aller Preußen vor dem Gesetze (Art. 4 der Ver=
fassungs=Urkunde) ist das Palladium der heutigen Ordensleute ge=
gen die Intoleranz religiöser und politischer Fanatiker. Eben weil
diese Gleichheit vor dem Gesetze besteht, so sind die Vereinigungen
der Ordensleute, der Jesuiten, Franciscaner, Dominicaner, zu sol=
chen Zwecken, welche den Strafgesetzen nicht zuwider
laufen, auch ein Recht der Ordensleute (Art. 30 der Verfassungs=
Urkunde); sie sind lediglich den Bestimmungen des Vereinsgesetzes
vom 11. März 1850 unterworfen, gleich anderen Producten des
Associationsrechts auf dem Gebiete des socialen Lebens. Darüber
kann ein Zweifel um so weniger obwalten, als das oben erwähnte
zur Ausführung des Art. 30 der Verfassungs=Urkunde erlassene Ge=
setz vom 11. März 1850 im letzten Absatze seines §. 2 auch die
kirchlichen und religiösen Vereine in seinen Bereich zieht, und, soweit
sie nicht Corporationsrechte erlangt, den beschränkenden Bestimmungen
der §§. 1 und 2 unterstellt. Diese Bestimmungen sowohl, wie das
Circular=Rescript des Ministers des Innern vom 1. August 1850,
die Verhältnisse der kirchlichen und religiösen Vereine und Gesell=
schaften betreffend (cf. Anlage D.), beruhen auf der Voraussetzung,
daß kirchliche und religiöse Vereine und Gesellschaften in Bezug auf
ihre Stellung zum Staate allen übrigen auf Grund des Art. 30
der Verfassungs=Urkunde gebildeten Vereinen völlig gleichstehen sollen.

Die Regierung hat dagegen kein Recht, Ordensbrüder und Or=
densschwestern von der Leitung von Krankenhäusern, Unterrichts=
und Erziehungsanstalten auszuschließen, wenn anders sie den staat=
lichen Erfordernissen genügen. Thäte sie dies, so würde sie
sich einer schweren Verletzung der Art. 4 und 12 der Verfassungs=
Urkunde schuldig machen, indem sie die Gleichheit vor dem Gesetze
unter nichtigem Vorwande factisch vereitelte und Preußische Staats=
bürger im Genusse ihrer bürgerlichen und staatsbürgerlichen Rechte
um des religiösen Bekenntnisses willen verkürzte. Sie würde,
so weit es sich um Unterrichts=Anstalten handelte, gegen Art. 22
verstoßen, welcher lautet:

> „Unterricht zu ertheilen und Unterrichtsanstalten zu grün=
> den und zu leiten, steht Jedem frei, wenn er seine sitt=
> liche, wissenschaftliche und technische Befähigung den be=
> treffenden Staatsbehörden nachgewiesen hat."

Zulaffung anderer als qualificirter Ordenspersonen zur Ertheilung von Unterricht und zur Leitung von Unterrichtsanstalten verlangt Niemand.

II. Die der Regierung zur Erwägung gestellten fünf Punkte.

Dieselben sind juristisch ohne alle Bedeutung, von besto größerer für das katholische Volk wegen ihrer benunciatorischen Natur. Sie scheinen darauf berechnet, der Schwäche der juristischen Deduction eine Stütze zu geben durch den Appell an die religiösen Leidenschaften, um solchergestalt durch Kammervota die Regierung von ihrem objectiven Standpunkte herunter und zu verfassungswidrigen Schritten zu drängen.

Ad 1

soll die Regierung erwägen, daß die Vereine und Congregationen der Regulargeistlichkeit nicht Vereine von Privatpersonen, sondern eidlich verpflichtete Mitglieder organisirter Körperschaften sind, welche sich über das univerfale Gebiet der Kirche erstrecken und ihre Oberen im Auslande haben, deren Anweisungen zu befolgen sie sich eidlich verpflichteten.

Folgendes ist darauf zu erwiedern:

Dem Staate gegenüber sind die Mitglieder der Orden nur Privatpersonen, Preußische Unterthanen oder Ausländer. Die über das univerfale Gebiet der Kirche sich erstreckende Organisation der Orden ist für die Ausübung des Rechts der Affociation in den einzelnen Staaten eine vom Standpunkte der letzteren ganz indifferente Thatsache. Jeder Staat hat es eben nur mit denjenigen Affociationsproducten zu thun, die sich innerhalb seiner Grenzen bilden. Das Affociationsrecht ist ein Recht aller Preußen, es hat seine alleinigen Schranken hinsichtlich der Zwecke im Strafgesetzbuche, im Uebrigen — hinsichtlich der Aufrechthaltung der öffentlichen Ruhe und Ordnung — im Vereinsgesetz vom 11. März 1850. Weiteres wird nicht erfordert. — Namentlich ist die Obedienz gegen einen geistlichen Oberen kein Hinderniß gegen den Gebrauch des freien Vereinsrechts auf kirchlichem Gebiet. Uebrigens leisten die Mitglieder der geistlichen Gesellschaften und sonstigen kirchlichen Congregationen keine Eide, sondern Gelübbe. Ein Gelübde ist eine

„Promissio deliberata et voluntaria Deo facta de meliori bono." (Ferraris prompta biblioth. sub voce votum Art. I. N. 2).

Das Gelübde ist an keine Form gebunden.

Ad valorem professionis expressæ non requiritur certa verborum forma, sed sufficit quælibet quibuscunque sit verbis concepta, dummodo profitens per eam ad tria vota et certam Regulam se adstringere revera intendit (Ferraris sub voce Regularis professio N. 48).

Die außerdem von den Klosteroberen nach dem Symbolum Pii IV. abzuleistende Professio fidei legen auch die Weltgeistlichen ab, wenn sie ein beneficium curatum erhalten, und alle Katholiken leben darnach (Schulte System S. 292).

Konnte in einer Verfassungs-Urkunde des Preußischen Staats selbstverständlich das Associationsrecht auch nur den Preußen beigelegt werden, so ist darum doch die Existenz-Befugniß eines inländischen Vereins nicht davon abhängig, daß alle seine Mitglieder Preußen seien; vielmehr steht der Beitritt zu inländischen Vereinen auch Ausländern offen, da solche nach den §§. 34. 41 der Einleitung zum Allgemeinen Landrecht sich aller Rechte der Inländer zu erfreuen haben, so lange sie sich des Schutzes der Gesetze nicht unwürdig machen.

Hiernach richtet sich das im Commissionsberichte zu 1 Gesagte von selbst.

Ad 2

macht Herr Dr. Gneist darauf aufmerksam, daß der verfassungsmäßige Zweck des Jesuiten-Ordens die Bekämpfung der evangelischen Kirche und des evangelischen Glaubens ist und daß die geistlichen Gesellschaften eine Einwirkung auf das öffentliche Leben erstreben, welche die Gesetzgebung aller Zeiten genöthigt habe, verbietende oder beschränkende Maßregeln zu treffen.

Wir entgegnen:

Wenn der Staat einerseits die Freiheit des religiösen Bekenntnisses, andererseits der evangelischen und katholischen Kirche, wie jeder andern Religionsgesellschaft, die selbstständige Ordnung und Leitung ihrer Angelegenheiten gewährleistet hat, so kann die Sorge für den evangelischen Glauben und die evangelische Kirche kein Grund für die Regierung sein, die katholische Kirche mit Maßregeln der Polizei und des weiland jus circa sacra in der Entfaltung derjenigen Mittel zu hindern, welche sie vom Standpunkte ihres Bekenntnisses zur Verbreitung und Befestigung der christlichen Wahrheit für geeignet hält. Dem Staate steht die eine Kirche so nahe wie die andere; sein Einschreiten ist lediglich durch die Verletzung des Strafgesetzes oder durch Störung der öffentlichen Ruhe bedingt. Da nun der verfassungsmäßige Zweck der kirchlich approbirten Orden kein anderer ist als derjenige der katholischen Kirche selbst, so dürfte der Hinweis auf die der evangelischen Kirche von Seiten des Jesuitenordens und anderer „Denominationen" drohenden Gefahren von der Staatsregierung einstweilen so lange unbeachtet bleiben, als die Mitglieder dieser Orden wie bisher sich blos mit der Verkündung des Evangeliums und der christlichen Moral befassen und die Gesetze des Staates achten. Die evangelische Kirche mag dagegen mit den ihr zu Gebote stehenden Waffen des Geistes kämpfen.

Lächerlich ist es, Priestern der katholischen Kirche zum Vorwurfe zu machen, daß sie eine Einwirkung auf das äußere Leben erstrebten (Wozu wären sie sonst da?), und sich auf Gewaltacte fremder Gesetzgeber zu berufen, wenn man zu erörtern hat, was im Staate Preußen verfassungsmäßiges Recht ist.

Ad 3

Die Behauptung,

, daß die geistlichen Gesellschaften nicht auf dem Boden der grundsätzlich erlaubten, sondern der grundsätzlich untersagten Verbindungen stehen,

ist bereits zur Genüge als falsch nachgewiesen. Erlaubt sind — nach Emanation der Verfassungs-Urkunde — gemäß Art. 30 alle Vereine zu Zwecken, welche den Strafgesetzen nicht zuwiderlaufen. Die von Herrn Dr. Gneist aus den älteren Säcularisationsgesetzen diesseits und jenseits des Rheins abgeleitete grundsätzliche Mißbilligung der Orden ist ein juristischer Nonsens. Könnte ihr die Bedeutung eines Verbots beigelegt werden, was

aber wie gezeigt nicht der Fall ist, so ist bewiesen, daß dies Verbot durch die Verordnung vom 6. April 1848 und durch Art. 30
der Verfassungs=Urkunde beseitigt wäre. — Jedenfalls waren jene
älteren Gesetze keine Strafgesetze.

Die geistlichen Gesellschaften haben daher, um jener vermeint-
lichen Verbotsgesetze enthoben zu werden, nicht nöthig, sich mit Corporationsrechten versehen zu lassen.

Ad 4

provocirt Herr Dr. Gneist die Regierung zum straf-
rechtlichen Einschreiten gegen die Mitglieder geistlicher
Gesellschaften durch den Hinweis auf das Edict vom
20. October 1798 und auf den im §. 98 des Strafgesetzbuches, wie er sich ausdrückt, continuirten Inhalt
desselben.

Wir dagegen haben die Unanwendbarkeit des Edicts vom 20.
October 1798 auf die älteren Klostergesellschaften oben dargethan,
ebenso dessen Beseitigung durch das Gesetz vom 6. April 1848.
Die theilweise Uebertragung der Bestimmungen desselben in den
§. 98 des Strafgesetzbuches ist eine für die nach dem Erlaß der
Verfassungs=Urkunde gebildeten geistlichen Gesellschaften höchst gleich-
gültige Sache.

Der §. 98 des Strafgesetzbuches ist auf dieselben ebenso wenig
anwendbar, wie es das Edict war, und zwar aus den oben bezüglich der Nichtanwendbarkeit des Edicts angeführten Gründen, denen
weiter unten noch einige hinzugefügt werden sollen.

Wenn

Ad 5

Herr Dr. Gneist der Regierung zu erwägen giebt, daß
die von ihr ausgesprochene Maxime (der Beachtung der
beschworene Verfassung) dem Resultat nach zu einer
völlig ungebundenen, schrankenlosen Wirksamkeit und Ausbreitung der geistlichen Orden im Preußischen Staat führen würde,
während doch die Gesetzgebung aller europäischen Staaten
gewisse Beschränkungen der religiösen Orden für nöthig
erachtet habe und im paritätischen Staate Preußen diese

Beſchränkungen von jeher eine beſondere Bedeutung
gehabt hätten,

ſo muß erwiedert werden, daß Nebensarten noch keine Rechts=
gründe ſind.

Dafür, daß die Orden mit dem Bedürfniß der katholiſchen
Bevölkerung nach dergleichen Inſtitutionen auch fernerhin gleichen
Schritt halten und nicht darüber hinausgehen, werden die Katho=
liken ſelbſt ſorgen, vor Allem die Biſchöfe. Was die Geſetzgebungen
anderer europäiſcher Staaten in Bezug auf die Beſchränkung der
Orden für nothwendig halten oder gehalten haben, iſt für die Preußi=
ſchen Verhältniſſe, die ihren eigenen Zuſchnitt haben, gleichgiltig.
Wenn andere Staaten die Preußiſche Verfaſſung hätten, würden die
dortigen Gneiſte mit Anträgen auf Verfolgung oder Chikanirung der
katholiſchen Orden auch kein Gehör finden können.

III. Die drei Wege des Commiſſiensberichts.

Der Commiſſionsbericht behauptet, daß es der Regierung nicht
an geſetzlichen Mitteln fehle, um vorſtehende fünf Erwägungen frucht=
bar zu machen. Dieſe Mittel ſeien vielmehr gegeben in dem dreifachen
Recht der Strafverfolgung, der Conceſſionsertheilung
und der permanenten Aufſicht über alle ben Zwecken des Un=
terrichts und der Krankenpflege beſtimmten Einrichtungen.

1. Der Weg der Strafverfolgung.

Der Commiſſionsbericht kommt auf den §. 98 des Strafgeſetz=
buches zurück und wünſcht, daß von der Regierung gerichtliche Ent=
ſcheidungen über die Anwendbarkeit deſſelben herbeigeführt werden
ſollen. Es wäre ein neues, im Preußiſchen Staate unerhörtes Er=
eigniß, wenn man harmloſe Mönche aus keinem anderen Grunde,
als weil ſie es ſind, vor den Strafrichter ſchleppte.

Wir dagegen verweiſen außer dem oben bei Beſprechung des
Edicts Angeführten auf den in Nr. 20 der Kölniſchen Volkszeitung
abgedruckten Artikel „Zur Kloſterfrage" und bemerken nur noch

1. daß auch der von Herrn Dr. Gneiſt angerufene Dr. Boulz
(Kanon. Recht der Regularen, deutſch bearbeitet von Rupert

Mittermüller, Landshut 1861), wenn er die absolute Hingabe des Religiosen an seinen Oberen als Wirkung des Gehorsamgelübbes bezeichnet, keine von der unsrigen abweichende Ansicht ausspricht, da er hier nicht die Materie des Gelübbes, d. h. die Frage, auf welche Fälle sich der Gehorsam erstrecke, auf welche nicht, sondern nur die formale Beschaffenheit des Gehorsams, insoweit derselbe nämlich an sich Pflicht ist, im Auge hat *);

2. daß die künstliche Deduction des Herrn Dr. Gneist, als handle es sich bei den neueren geistlichen Gesellschaften

---

*) Der Commissionsbericht sagt wörtlich: „Wenn die Staatsregierung in Abrede stelle, daß das gesetzliche Merkmal des „unbedingten Gehorsams" bei den geistlichen Orden zu finden sei, so könne in dieser Beziehung auf bewährte Zeugnisse Bezug genommen werden, wie Dr. Bouix u. s. w." Uns ist trotz allen Suchens ein solches „bewährtes Zeugniß" an der angeführten Stelle durchaus unauffindbar geblieben; wohl aber sind uns Aeußerungen von ganz gegentheiligem Sinne aufgestoßen, welche hinlänglich beweisen, daß Bouix-Mittermüller über das Ordensgelübbe des Gehorsams das Nämliche sagt, wie die oben S, 16 citirten Schriftsteller. So z. B. folgende: „Der Religiose ist in Kraft des Gelübbes nur zu einem Gehorsam verbunden, der sich innerhalb der Schranken der Profeß und der Regel hält." (S. 181) „Es gibt einige Orden, deren Regeln und Statuten bestimmt aussprechen, das Gelübbe des Gehorsams dehne sich auf alle Befehle der Obern aus, welche nicht in sich selbst böse und ungerecht sind oder mit der heiligen Regel im Widerspruch stehen. In solchen Orden ist also der Gehorsam unbegrenzt und erstreckt sich auch auf Dinge die nicht in bestimmten Regelvorschriften eingeschlossen sind. Der heil. Bonaventura (Franziskaner) behauptet dieß vom Orden des heil. Franziskus (S. 183—134)". Wenn der Herr Berichterstatter diese Stellen und weiterhin auf der angeführten S. 183 die Worte gelesen hat: „der Papst ist der höchste Obere jedes Ordens": dann mußte sich ihm doch wohl die Einsicht aufdrängen, daß es mit dem Gehorsam der Ordensgeistlichen sich absolut anders verhalte als es die vorangeführte Aeußerung im Commissionsberichte insinuirt, und daß die gehässige Charakterisirung des Gehorsams-Gelöbnisses der Ordensleute als eines gesetzwidrigen, staatsgefährlichen, im Prinzip auch das wörtlich ganz gleichlautende Gehorsams-Gelöbniß der Weltpriester gegen ihren Bischof bei der Ordination (Promittis mihi, bez. w. Prælato Ordinario tuo pro tempore existenti reverentiam et obedientiam? heißt die zu bejahende Formel im Pontif. Roman. Tit. de ordin. Presbyteri) treffe. Man darf sich daher wohl unter diesen Umständen seine Gedanken darüber machen, daß Herr Dr. Gneist aus Bouix-Mittermüller — — Nichts citirt, sondern es bei der sehr, sehr vagen Anführung belassen hat: „S. 180—189!!"

um Einrichtungen, beren Dafein, Verfaffung ober Zweck vor ber Staatsregierung geheim gehalten werben folle, sich einfach burch bie Thatsache richtet, baß alle Preuß. Bischöfe in ben periobisch von ihnen herausge= gebenen Diöcefan=Schematismen bie sämmt= lichen Orbens=Nieberlaffungen mit Angabe ber Namen aller Mitglieber veröffentlichen laffen unb Exemplare biefer Schematismen (Diöcefanhanbbücher) bem Cultusminifter einreichen, bie Zwecke jeber einzelnen Genoffenschaft aber aus ihrer Wirkfamkeit notorisch finb;

3. baß wenn Herr Dr. Gneist geltenb macht, ber §. 98 bes Strafgesetzbuches fei überhaupt praktisch nicht verwenbbar, wenn nicht für Orben, biefe Auffaffung mit ber Ent= stehungsgeschichte beffelben, mit feiner Stellung im System bes Strafgesetzbuches unb mit feinem Verhältniß zu bem bie Freiheit bes religiöfen Bekenntniffes garantirenben Art. 12 ber Verfaffungsurkunbe im craffeften Wiber= spruche fteht.

Wir fügen

4. hinzu, baß wie bas Ebict vom 20. October 1798 nicht gegen bie Orben ber katholischen Kirche gerichtet fein konnte, weil fie bamals staatlich anerkannt waren, fo auch ber §. 98 bes Strafgesetzbuches nicht gegen bie Orbens= gefellschaften gerichtet ift, weil fie Einrichtungen ber staatlich anerkannten katholischen Kirche unb als folche fo= gar burch §. 135 bes Strafgesetzbuches befonbers ge= schützt finb.

Die Orben ber katholischen Kirche mögen vielen Nichtkatholiken unbequem fein, wie es bie katholische Kirche überhaupt Vielen ift; aber was hätte bie Freiheit bes religiöfen Bekenntniffes zu bebeu= ten, wenn ber alte Grunbfatz „cujus regio, ejus religio," von welchem wir Anklänge in bem Commiffionsbericht bes Herrn Dr. Gneift wieber zu finben glauben, wieber ins Preußische Staatsrecht zurückverpflanzt werben follte. So lange bie katholischen Orben nichts weiter thun, als was bie katholische Kirche ihnen zu thun geftattet, finb fie ftrafrechtlich unantaftbar, weil fie Inftitutionen biefer Kirche

4*

sind und jede Verfolgung einer solchen Institution eine schnöde Ver=
letzung der Freiheit des religiösen Bekenntnisses involviren würde.
Als

2. Der zweite Weg

des Vorgehens gegen die geistlichen Gesellschaften bezeichnet Herr
Dr. Gneist den Preußischen Staatsbehörden den Mißbrauch der
Befugniß, Concessionen für Privatunterrichts= und Erziehungsanstal=
ten für Kranken= und Siechenhäuser zu ertheilen oder zu verweigern.

Wenn die Staatsregierung auf diesen Vorschlag einginge und
Personen des Ordensstandes, welche die gesetzliche Befähigung zum
Unterricht, zur Errichtung und Leitung von Unterrichtsanstalten,
Krankenhäusern 2c. nachgewiesen haben, die Ertheilung von Con=
cessionen für diese Zwecke verweigern wollte, so würde sie eine große
Zahl Preußischer Staatsangehöriger außerhalb des Gesetzes stellen
und die Art. 4. 12 und 22 der Verfassungs=Urkunde verletzen.

Was Herr Dr. Gneist zur Begründung dieser horrenden Maß=
regel anführt, ist unjuristisches Geschwätz. Wo es an Rechts=
gründen fehlt, soll die Gespensterfurcht wirken.

3. Der dritte Weg.

Die Staatsregierung soll vermöge ihres Aufsichtsrechts über
Erziehungsanstalten und Krankenhäuser die weitere Betheiligung
und Leitung, verantwortliche Verwaltung derartiger An=
stalten von Ordensgliedern, deren Regeln, Statuten, Zwecke, Obere,
Verbindung und Correspondenz mit auswärtigen Oberen (also so=
gar die Correspondenz mit den Oberen, cf. Art. 16 der Verfassungs=
Urkunde!) sie nicht kennt, verhindern.

Mit diesem Vorschlage entpuppt sich vollends die feindselige
Tendenz des Commissionsberichts; denn nicht mehr handelt es sich
dem Herrn Dr. Gneist um Maßregeln gegen die eigentlichen
geistlichen Gesellschaften, Jesuiten, Franciscaner, Dominicaner (diese
hat er blos als Popanze benützt), sondern um Vertreibung
der mit dem Unterricht und der christlichen Erziehung
beschäftigten Genossenschaften aus den katholischen
Waisen= und Rettungshäusern, um Entfernung der
barmherzigen Brüder aus den Krankenhäusern und
um Lahmlegung selbst der Wirksamkeit der barmher=
zigen Schwestern in den Krankenhäusern.

Während die juristischen Deductionen des Herrn Dr. Gneist grade den eigentlichen geistlichen Gesellschaften zu gelten schienen, zeigen uns seine schließlichen Anträge, daß er damit seine — eigentlich gegen die Wohlthätigkeitsgenossenschaften gerichteten Hauptintentionen verschleiert hat.

Auf Rechtsgründe kommt es Herrn Dr. Gneist natürlich bei seinen der Regierung gegebenen Vorschlägen nicht an. In seinen Augen sind die Mitglieder der katholischen Orden und Genossenschaften im Preußischen Staate rechtlos und jeder Willkühr der Verwaltungsbehörden Preis gegeben; die Preußische Verfassungs-Urkunde ist, wie es scheint, für Jedermann im Preußischen Staate, nur nicht für die acht Millionen Katholiken geschrieben.

Die Anträge des Commissionsberichts sind ein Schlag ins Gesicht der acht Millionen Katholiken. In Verbindung mit den dafür geltend gemachten Gründen verletzen sie die Art. IV. V. XII. XIV. XV. XVI. XVIII. XXII. CIX. der Verfassungs-Urkunde.

Können wir es zwar begreifen, daß in Folge der nach dem Ubrik-Schwindel, wie auf ein gegebenes Signal, über ganz Deutschland verbreiteten Schmähfluth der liberalen und fortschrittlichen Blätter in nicht katholischen Kreisen gegen Klöster Vorurtheile sich festgesetzt haben, so muß es doch unser gerechtes und schmerzliches Bedauern erregen, daß die Petitionscommission des Hauses der Abgeordneten auf Grund einiger Petitionen von durchaus uncompetenten und sachunkundigen Männern zu einer Verurtheilung der in Preußen befindlichen Orden und Genossenschaften in Bausch und Bogen schreiten konnte, ohne sich auch nur die Frage vorgelegt, geschweige denn eine Erörterung darüber angestellt zu haben, was ihnen denn eigentlich zur Last gelegt werden könne. Außer einigen allgemeinen Redensarten und Gemeinplätzen über angebliche Schädlichkeit der Orden und das Verfahren der Regierungen in anderen Ländern und in früheren Jahrhunderten haben wir in dem ganzen Commissionsberichte keine einzige Thatsache erwähnt gefunden, welche auch nur im Entferntesten den excessiven Anträgen der Petitions-Commission zur Stütze und Entschuldigung dienen könnte. Das einzige Verbrechen der Orden und Genossenschaften besteht darin, daß sie sind, daß sie zahlreich und daß sie beliebt und bewährt sind.

Die Wirkung des Commissionsberichts in katholischen Kreisen
war, wie jeder nicht gerade zu blinde Beobachter bessen, was die
Orden und Genossenschaften dem Volke nicht bloß auf kirchlichem,
sondern auch auf socialem Gebiete sind und leisten, leicht voraus-
sehen konnte, und bei der kundgegebenen Mißachtung verfassungsmäßiger und durch länger als zwanzigjährigen Besitz geheiligter
Fundamentalrechte nicht anders zu erwarten stand, eine ganz er-
staunliche. Denn kaum war der Inhalt desselben durch die öffentlichen Blätter bekannt geworden, so begann es grade in demjenigen
Theile der Monarchie, für welchen das Edict vom 30. October 1810
als rostige Waffe wieder hervorgesucht worden war, in Schlesien,
unter der katholischen Bevölkerung mächtig zu gähren. Ueberall in
Städten und Dörfern beeilte man sich, gegen die beabsichtigte Verletzung und Vernichtung verfassungsmäßiger Rechte zu protestiren,
und eine Fluth von Petitionen, welche dem Hause der Abgeordneten in der kurzen Zeit vom Wiederbeginn seiner Sitzungen nach
den Weihnachtsferien bis zum Schlusse des Landtags zuging, ließ
keinen Zweifel übrig, daß man entschlossen sei, für sein gutes Recht
mit allem Nachdruck in die Schranken zu treten.

Wie man im Westen der Monarchie über die Anträge des
Commissionsberichts dachte, davon gab gleich in erster Reihe die
communale Vertretung der Stadt Aachen durch ihre in der Stadt-
verordnetensammlung vom 28. December v. J. gefaßten und in der
Petition der Bürgermeister und Stadtverordneten an das Haus der
Abgeordneten vom 10. Januar 1870 zur Ausführung gebrachten
Beschlüsse ein glänzendes und vermöge des amtlichen Charakters und der durch eigene praktische Erfahrung in
hohem Grade begründeten Competenz des Urtheils
der Beschlußfasser doppelt schwer wiegendes Zeugniß, durch
welches die genannten städtischen Behörden sich Dank und Anerkennung in den weitesten Kreisen erworben haben.

Weil diese Petition mit ebenso großer Wärme für die segensreiche Thätigkeit der in Aachen wirkenden zahlreichen Orden und
Genossenschaften — gegenüber dem hohlen Phrasenthum des Commissionsberichts — Zeugniß giebt, wie sie mit juristischer Schärfe
den Rechtsstandpunkt der Sache in's rechte Licht stellt, ist dieselbe
der gegenwärtigen Abhandlung als besonderes Aktenstück (Anlage E)
beigefügt worden.

Welches Schicksal der Commissionsbericht im Hause der Abgeordneten gehabt hat, ist im Allgemeinen bekannt; weniger sind es
die näheren Details, indem darüber die öffentlichen Blätter merkwür-
diger Weise sich still verhalten haben. Wir geben sie in aller Kürze.
Selbstverständlich blieben die zahlreichen Proteste, welche der
Bericht im Lande hervorgerufen, nicht ohne Rückwirkung auf das
Haus der Abgeordneten. Dies zeigte sich zunächst in dem von mehr
als hundert Mitgliedern fast aller politischen Fractionen desselben
eingebrachten Antrage, unter Ablehnung der Erwägungen
des Commissionsberichts über die elf Petitionen zur Tagesordnung überzugehen.

Von gewisser Seite scheint man aber der Discussion der Sache
im Plenum lieber ganz aus dem Wege zu gehen gewünscht zu
haben, da ein Antrag auf namentliche Abstimmung in sicherer
Aussicht stand und das Farbe Bekennen in Rücksicht auf die
künftigen Neuwahlen für Viele eine äußerst mißliche Sache sein
mochte. Gewiß ist, daß in den Sitzungen des Hauses vom 8. und
9. Februar interessante Debatten über die Feststellung der Tagesordnung für die nächsten Sitzungen stattfanden, in welchen die katholischen Mitglieder Reichensperger, v. Malinkrodt und Windthorst
(Meppen), unterstützt von dem der rechten Seite angehörigen protestantischen Abgeordneten Heise, eben so entschieden für die Nothwendigkeit, die Klosterfrage noch vor dem nahe bevorstehenden Schluß
des Landtags zur Discussion zu bringen, wie die freiconservativen
Abgeordneten Graf Bethusy und v. Kardorf für die Absetzung des
Gegenstandes von der Tagesordnung und resp. Hinausschiebung der
Verhandlung eintraten.

Aus den vom Grafen Bethusy zur Rechtfertigung seines am
8. Februar gestellten Antrages angeführten Gründen müssen wir zu
unserem Bedauern das Gegentheil der Absicht constatiren, für das
verfassungsmäßige Recht seiner katholischen Mitbürger ein-
stehen zu wollen, da er bloß zur Zeit nicht die rasche Hand
in Dinge hineingelegt wissen wollte, die möglicher Weise durch die
gegenwärtige Reorganisationsarbeit der katholischen
Kirche in nächster Zeit eine reformatio ad pejus oder
melius erfahren könnten. Der zweite seiner Gründe reducirt sich
auf die Scheu vor einer Erörterung, in welcher „unnütze Gefühlsergießungen" zu einem für die künftigen Neuwahlen un-

erfprießlichen Zwiespalt führen könnten. Die ganze Argumentation
zeugt von einer völligen Unklarheit über die eigentliche Bedeutung
der vorliegenden Frage, die in ihrem Keime eine Verfassungs=
frage von der größten materiellen Tragweite ist. Dies ist in der Erwi=.
berung des Abgeord. Reichensperger in zutreffender Weise ausgeführt.
Der Abgeordnete v. Karborf widersprach, um nicht, wie er
selbst sagt, dem Abgeordneten Windthorst (Meppen) zuzustimmen, mit
dem er bei allen Fragen, welche eine nationale Beziehung haben
könnten, immer „auseinander“ (sic!) gestimmt habe. Dieses
Curiosum wird hier nur erwähnt, um zu constatiren, daß irgend
welche nationale Beziehungen der Klosterfrage durchaus uner=
findlich sind, es sei denn, daß man an die von den katholischen Or=
densleuten im Jahre 1866 auf den Schlachtfeldern und in den La=
zarethen den Verwundeten und kranken Kriegern geleisteten patrio=
tischen Dienste denken will, wodurch dieselben sich aller=
dings den Dank der Nation erworben haben.

Doch wir lassen die Verhandlungen vom 8. und 9. Februar,
durch welche überhaupt merkwürdige Schlaglichter auf die in Abge=
ordnetenkreisen über die Klosterfrage herrschenden Stimmungen ge=
worfen werden, lieber selbst sprechen, indem wir einen Auszug aus
denselben als weitere Beilagen (F und G) dieser Schrift anfügen.

Zu erwähnen erübrigt nur noch, daß der bald darauf erfolgte
Schluß des Landtages die Discussion der Klosterfrage, die sonst an
dem nächsten für Petitionen bestimmten Sitzungstage des Abge=
ordnetenhauses stattgefunden haben würde, abgeschnitten hat.

Ob die Vermeidung der Discussion zweckmäßig war, oder nicht
vielmehr, dem Antrage des Abgeordneten Heise entsprechend, eine be=
sondere Abendsitzung für diesen Gegenstand am 10. Februar hätte
abgehalten werden sollen, muß hier dahin gestellt bleiben, weil der
vorstehende Aufsatz sich nur mit der juristischen Seite der Sache zu
befassen hat, wie denn auch der Commissionsbericht sich fast aus=
schließlich auf diesem Gebiete bewegt. Die Sache hat aber auch ihre
politische Seite. Diese zu behandeln hat sich der Verfasser nicht zur
Aufgabe setzen wollen, zumal sie jedem Denkenden klar vorliegt und
die kurzen Verhandlungen im Abgeordnetenhause auch dem blöden
Auge die Aufregung zeigen, welche die ebenso unstaatsmännische als
unjuristische Berichterstattung des Herrn Dr. Gneist im Landtage
und im ganzen Lande hervorzurufen das Ihrige, wenn auch wider

Wissen und Willen, in kaum begreiflicher Weise gethan hat. Die bezügliche Kritik der Abgeordneten v. Malinkrodt und Windthorst wird jeder Unbefangene als eine vollkommen begründete anerkennen müssen, und dürfte Herr Dr. Gneist das Recht zu der von ihm eingelegten Verwahrung gegen dieselbe schon dadurch verwirkt haben, daß er sich, nicht entblödet hat, der wörtlichen Wiedergabe einer Petitionsstelle, auf welche das Französische „c'est plus qu'une bé-tise, c'est une infamie" paßt, ein cynisches Citat à la Blum-auer aus einem Compendium des Kirchenrechts beizufügen, welches 1793, sage 1793, das Tageslicht erblickt hat. War es dem Herrn Dr. Gneist um ein dem Ernste der Sache entsprechendes Citat aus einem Kirchenrechtslehrer zu thun, so hätte es doch wohl nahe gelegen, anstatt auf den längst vergessenen Fürst. und Gräfl. Reuß-Plauen'schen gemeinschaftlichen Hof- und Regierungsrath Dr. Wiese von 1793*) lieber auf den hochgeschätzten Bonner Professor Walter von 1861 zu recurriren, in dessen durch ganz Europa verbreitetem Lehrbuche des Kirchenrechts (12. Auflage, S. 652) der Herr Doctor folgender, gewiß nicht irrelevanter Aeußerung begegnet wäre, welche passend diese Abhandlung beschließen wird: „§. 330. Von den religiösen Orden. Allgemeine Grundlage.

Das Streben nach möglichster Vervollkommnung, welches das Christenthum weckt, kann bei einzelnen Menschen die Richtung hervorrufen, dieselbe in besonderer Weise durch Abtödtung und völlige Hingebung an höhere Lebenszwecke zu fördern. Indem Gleichgesinnte in dieser Richtung sich dauernd an einander schließen, entstehen religiöse Orden. Diese sind also freiwillige Verbindungen von Personen, die in der religiösen Begeisterung für eine höhere Lebensrichtung nach reiflicher Prüfung ihres Willens und ihrer Kräfte den festen Entschluß gefaßt haben, sich derselben ausschließlich zu widmen. Um dieses durchzuführen, bedarf es aber einer genauen, dem vorgesetzten Ziele entsprechenden Lebensordnung oder Regel, wozu sich jeder

---

*) Sollte Wiese vielleicht deßhalb vorgezogen worden sein, weil er §. 175 sagt: „Die Klostergelübde gehen auf blinden Gehorsam gegen die Oberen?" Aber eben solche und ähnliche Auslassungen rechtfertigen auch für das Compendium Wiese's die schneidende Kritik, welche Walter in s. K. R. 12. Aufl. §. 7 über dessen Handbuch mit den Worten fällt: „Ganz schlecht und keiner Berücksichtigung werth."

bei bem Eintritt in bie Verbinbung, mit völliger Unter=
orbnung seiner sinnlichen Neigungen, seiner Anhänglichkeit
an irbische Güter, unb seines Eigenwillens, verpflichtet;
unb ba man voraussetzen muß, baß er bie Bestimmung,
bie er nach gehöriger Selbstprüfung frei gewählt, auch mit
männlicher Beharrlichkeit verfolgen werbe, so ist es bem
Ernst ber Einrichtung angemessen, jene Verpflichtung unb
bie barin enthaltenen Gelübbe ber Keuschheit, ber Armuth
unb bes Gehorsams als unwiberruflich zu behanbeln. Doch
muß, um Uebereilungen zu verhindern, eine bestimmte
Probezeit vorhergehen, unb um so weniger ist ein aus
Furcht unb Zwang abgelegtes Gelübbe giltig. Uebrigens
kann eine Regel nach ber verschiedenen Weise, baß ir=
bische Dasein auf Gott zu beziehen, sich verschiebene Zwecke
setzen, unb balb auf Beschauung unb strenge Büßungen,
balb mehr gemeinnützig auf ben Unterricht ber Jugend,
auf höhere wissenschaftliche Unternehmungen, auf bie Kran=
lenpflege, auf bie Unterstützung ber Pfarrer bei'm Gottes=
bienst unb Prebigen, unb auf bie Bekehrung ber Heiben
gerichtet sein. Die Kirche hat babei, eben weil sie freie
Entschließungen voraussetzt, weniger bie Aufgabe, burch
positive Gebote einzuwirken, als nur zu sorgen, baß solche
Institute nicht aus ber Orbnung bes Ganzen heraustreten.
In biesem Geiste sinb bie Bestimmungen bes Conciliums
von Trient erlassen. Als Associationen, worin sich bie
Blüthe bes kirchlichen Lebens ausspricht, unb
welche baher zur vollen Entwicklung bessel=
ben gehören, kann unb muß bie Kirche von ber Staats=
gewalt für bie religiösen Orben wie für sich selbst bie
Freiheit ber Errichtung, bes Bestehens unb bes ungehin=
berten Zusammenhangs mit ben Ordensoberen in Anspruch
nehmen. Wo bie Freiheit ber Association grund=
gesetzlich anerkannt ist, kommt bieselbe natür=
lich auch ben religiösen Vereinen zu Statten.
Sonach ber Belgischen Verfassung vom 7. Febr.
1831, Art. 20, unb nach ber Preußischen Verfassung
vom 31. Januar 1850."

Anlage A.

Fünfter Bericht der Commission für Petitionen, betreffend die Aufhebung der Klöster in Preußen.

(Journ. II. Nr. 28. 29. 63. 237. 272. 280. 324. 413. 446. 467. 691. 838.)

Die Eröffnung eines angeblichen Dominikanerklosters zu Moabit bei Berlin am 4. August 1869 und die sich daran knüpfenden groben Excesse haben mehrere Vereine zu Petitionen gegen das Klosterwesen veranlaßt, welche zwar unter Collectivnamen eingereicht, nach Art. 32 der Verfassungs-Urkunde aber nur als Petitionen Einzelner behandelt werden können.

A. Der Buchbinder Robert Krebs (II. 28), Gustav Großmann (II. 29), Röhr, Matz und Genossen (II. 237), F. Romstädt (II. 272) beantragen in gleichlautenden Petitionen folgenden Zusatz zur Verfassungs-Urkunde:

Vom 1. Januar 1870 ab werden sämmtliche etwa noch bestehenden Klöster, Dom- und andere Stifter, sie mögen zur katholischen oder protestantischen Kirche gehören, für ewige Zeiten aufgehoben. Es dürfen nie wieder neue Anwartschaften ertheilt, keine Novizen aufgenommen, und Niemand wieder in den Besitz einer Stelle gesetzt werden. Das Vermögen der Klöster fällt dem Staate zu. Die näheren Bestimmungen regelt ein sofort zu erlassendes Ausführungsgesetz.

Ferner wird der Antrag gestellt:

Das Haus wolle die aus dem Jahre 1821 her datirende sogenannte Circumscriptions-Bulle einer Revision unterwerfen und jeden andern als einen handelspolitischen Vertrag mit Rom aufheben.

Petenten beziehen sich auf die obenerwähnten Excesse und auf den von einer Berliner Volksversammlung darauf gefaßten Beschluß:

In Erwägung, daß schon vor Jahrhunderten das deutsche Volk in den Mönchs= und Nonnenklöstern die Pflanzstätten des Aberglaubens, der Faulheit und der Unzucht erkannt hat; daß trotz der am 30. October 1810 erfolgten gesetzlichen Aufhebung der Klöster dieselben noch heute, im Jahrhundert der Freiheit und Arbeit, bestehen und sich fortwährend unter den Augen des Cultusministeriums vermehren, erklärt die Volksversammlung:

„Es ist Ehrenpflicht jedes denkenden Menschen, mit allen gesetzlichen Mitteln für die Aufhebung der Klöster, Ausweisung der Jesuiten und vor allen Dingen für die Aufhebung des mit Rom geschlossenen Concordats vom Jahre 1821 in die Schranken zu treten, und erwartet, daß die Preußische Volksvertretung in diesem Sinne ihre Schuldigkeit thun wird."

Zur Begründung ihrer Anträge berufen sich die Petenten auf das Edict über Einziehung sämmtlicher geistlichen Güter in der Monarchie vom 30. October 1810, welches durch die Verfassungs=Urkunde nicht aufgehoben sei, da durch Erkenntniß des höchsten Gerichtshofes wiederholt ausgesprochen worden, daß die der Verfassung vorangegangenen älteren Gesetze nur durch Specialgesetze aufgehoben werden können, wie dies beispielsweise sogar von den landrechtlichen Bestimmungen über die Unstandesmäßigkeit der Ehe angenommen sei. Sie citiren das Gesetz nach seinem Wortlaut und sind der Meinung, daß das Abgeordnetenhaus die Pflicht habe, über die Ausführung solcher Gesetze zu wachen. Da dies aber manchen Ministern gegenüber nicht immer möglich sei, und um keinen juristischen Streit über die etwaige Rechtsbeständigkeit des Edicts von 1810 zu provoziren, müsse der Grundgedanke jenes Gesetzes in die Preußische Verfassungs=Urkunde aufgenommen werden, da Verfassungsverletzungen doch am Ende seltener vorkommen als Gesetzesübertretungen.

B. In kurzgefaßten gleichlautenden Petitionen beantragen ferner Dr. Holthoff und Genossen (II. 280), Ferdinand Benary und Genossen (II. 324), Zimmermeister Rüthnick (II. 413), Dr. Kache und Genossen (II. 467), Schröder und Genossen (II. 691), Raaz und Genossen (II. 838):

Das Haus wolle die Königliche Staatsregierung veranlassen, die bestehende Gesetzgebung über die Klöster und das Edict vom 30. October 1810 streng in Ausführung zu bringen, und den Bestimmungen dieses Edicts entsprechend dafür zu sorgen, daß keine neuen Klöster in Preußen, mögen sie nun den Namen von Klöstern tragen, oder ihre wesentliche Natur unter dem Namen eines Krankenhauses, eines Waisenhauses u. s. w. verbergen, gegründet werden; ferner den Rücktritt der Staatsregierung von dem Concordat mit Rom zu veranlassen.

C. Wieder in anderer Richtung beantragt W. Rüthnick (II. 63): Das Haus wolle prüfen, ob die Errichtung von Klöstern überhaupt gesetzlich zulässig ist, und verneinenden Falles die Königliche Staatsregierung zur Schließung des Moabiter Klosters veranlassen.

Es wird dabei ausgeführt, daß nach dem Edict vom 30. October 1810 und Art. 13. der Verfassungs-Urkunde geistliche Orden und Klöster ihre rechtliche Existenz nur durch ein Specialgesetz erlangen können, daß Ordens- und Einzelklöster nicht bloß als Vereine behandelt werden dürfen, sondern nach den bestehenden Gesetzen nur als Corporationen rechtlich existiren können.

D. Diesen aus der Hauptstadt eingegangenen Petitionen reiht sich noch eine Petition aus Elbing von Jachmann und Genossen an, welche, in Erwägung, daß die Wiederherstellung der Klöster den religiösen Frieden und die Eintracht störe, daß das Klosterwesen einer längst vergangenen, in ihren religiösen Anschauungen uns nicht mehr verständlichen Zeit angehöre, daß Klostergelübde und Klosterleben im völligen Widerspruch mit dem Geiste unserer Zeit, dem Geiste der Freiheit und der Arbeitsamkeit, stehe, daß der heutige Zweck der Klöster die Ausbreitung des Ultramontanismus und der päpstlichen Herrschaft sei, den Antrag stellt:

Das Haus der Abgeordneten möge, dem noch zu Recht bestehenden Gesetz vom 30. October 1810 gemäß, die völlige Aufhebung der Klöster in Preußen beschließen.

In der Commission für Petitionen ergab sich zunächst ein Einverständniß darüber, daß die gestellten Anträge Nr. II. und IV., soweit sie auf Aufhebung eines mit Rom geschlossenen Concordats gerichtet sind, auf irrigen Voraussetzungen beruhen. Es ist zwischen dem Preußischen Staat und der römischen Curie niemals ein Concordat geschlossen, sondern es haben am 25. März 1821 nur „Verabredungen in Betreff der Einrichtung, Ausstattung und Begrenzung der Erzbisthümer der katholischen Kirche des Staates und aller darauf Bezug habenden Gegenstände" stattgefunden, welche vom König am 9. Juni 1821 ratificirt worden sind.

Demgemäß ist eine päpstliche Bulle vom 16. Juli 1821 (XVII. Cal. Aug.) in Uebereinstimmung mit jener Verabredung ergangen. Andererseits hat König Friedrich Wilhelm III. durch einen in der Gesetz-Sammlung (von 1821, S. 113 ff.) publicirten Erlaß vom 23. Juni 1821 ausgesprochen:

So will Ich auch dem wesentlichen Inhalte dieser Bulle, nämlich dem, was die auf vorerwähnte Gegenstände sich bezie-

henben ſachlichen Verfügungen betrifft, hierburch Meine Königliche Bewilligung unb Sanction ertheilen, kraft beren dieſe Verfügungen als binbenbes Statut ber katholiſchen Kirche bes Staats
von Allen, bie es angeht, zu beachten ſei.

Dieſe Meine Königliche Bewilligung unb Sanction ertheile
Ich vermöge Meiner Majeſtätsrechte uub dieſen Rechten wie
auch Meinen Unterthanen evangeliſcher Religion unb ber evangeliſchen Kirche bes Staates unbeſchadet.

Demnach iſt ein Abbruck bieſer Bulle in die Geſetzſamm-
lung aufzunehmen, unb für bie Ausführung berſelben burch
bas Miniſterium ber geiſtlichen Angelegenheiten zu ſorgen.

Es ergiebt ſich aus bieſem Hergang, baß bas Staatshoheitsrecht gegenüber ber Kirche in Preußen gewahrt, unb baß bie Geſetzgebung bes
Staats weber ber Form noch ber Sache nach burch ein Concorbat mit
bem Römiſchen Stuhle gebunben iſt (Laspeyres, Verfaſſung ber katholiſchen Kirche Preußens, Seite 788—800).

Die als „binbenbes Statut“ ber katholiſchen Kirche publicirte Bulle
de salute animarum umfaßt eine Reihe von Beſtimmungen über „Aufhebung, Umwanblung unb Einrichtung von Kirchen unb Capiteln, beren
frühere Rechte unb Vorrechte, bie Theilung unb Zuſammenſetzung ber
Sprengel unb Aufhebung früherer Metropolitanrechte“, unter namentlicher
Aufzählung unb Specialiſirung, — ohne Erwähnung ber Klöſter unb
geiſtlichen Orben.

Es iſt baher ſchwer abzuſehen, was bie Petenten mit ber Aufhebung
eines angeblichen Concorbats gemeint haben. Die Beſeitigung eines aller-
höchſt genehmigten Statuts ber katholiſchen Kirche Preußens kann nicht
gemeint ſein, nachbem bie Verfaſſungs-Urkunde bie beſtehenbe Verfaſſung
ber katholiſchen Kirche in Preußen nochmals ſanctionirt unb ber Kirche
bie ſelbſtſtänbige Ordnung unb Verwaltung ihrer Angelegenheiten zuge-
ſichert hat. Auch für ben Antrag auf Reviſion iſt von ben Petenten kein
beſtimmter Punkt als ber geſetzlichen Reform bebürftig näher nachgewie-
ſen worben.

Nicht unerheblich bagegen erſchien ber Commiſſion ber Petitions-
Antrag ad III., ſoweit er barauf gerichtet iſt, baß im Widerſpruch
mit beſtehenben Geſetzen angeblich Klöſter unb geiſtliche Orben
im Preußiſchen Staate errichtet unb zugelaſſen ſeien.

Die Commiſſion erachtete es für nothwenbig, zunächſt bie barüber
beſtehenben geſetzlichen Beſtimmungen in's Auge zu faſſen.

Das Ebict vom 30. October 1810 (Geſetz-Sammlung 1810) ver-
orbnet in bieſer Beziehung:

Wir Friedrich Wilhelm ꝛc.

In Erwägung baß:

a. bie Zwecke, wozu geiſtliche Stifter unb Klöſter bisher errichtet
wurben, theils mit ben Anſichten unb Bebürfniſſen ber Zeit

nicht vereinbar sind, theils auf veränderte Weise besser erreicht werden können;

b. daß alle benachbarten Staaten die gleichen Maßregeln ergriffen haben;

c. daß die pünktliche Abzahlung der Contribution an Frankreich nur dadurch ermöglicht wird;

d. daß Wir dadurch die ohnedies sehr großen Anforderungen an das Privatvermögen Unserer getreuen Unterthanen ermäßigen;

verordnen wir wie folgt:

§. 1. Alle Klöster, Dom- und andere Stifter, Balleien- und Commenden, sie mögen zur katholischen oder protestantischen Religion gehören, werden von jetzt an als Staatsgüter betrachtet.

§. 2. Alle Klöster, Dom- und andere Stifter, Balleien und Commenden sollen nach und nach eingezogen, und für Entschädigung der Benutzer und Berechtigten soll gesorgt werden.

§. 3. Vom Tage des Edicts an dürfen

a. keine Anwartschaften ertheilt, keine Novizen aufgenommen und Niemand in Besitz einer Stelle gesetzt werden;

b. ohne Unsere Genehmigung keine Veränderung der Substanz vorgenommen werden;

c. keine Kapitalien eingezogen, keine Schulden contrahirt, oder die Inventarien veräußert werden;

d. keine neuen Pachtcontracte ohne Unsere Genehmigung geschlossen, keine ältere verlängert werden.

Alle gegen diese Vorschriften unternommenen Handlungen sind nichtig.

§. 4. Wir werden für hinreichende Belohnung der obersten geistlichen Behörden und mit dem Rathe derselben für reichliche Dotirung der Pfarreien, Schulen, milden Stiftungen und selbst derjenigen Klöster sorgen, welche sich mit der Erziehung der Jugend und der Krankenpflege beschäftigen und welche durch obige Vorschriften entweder an ihren bisherigen Einnahmen leiden oder denen durchaus neue Fonds nöthig erscheinen dürften.

Es ergiebt sich aus dieser Gesetzes-Fassung

1. daß der Gesetzgeber die Klöster grundsätzlich reprobirt, „weil ihre Zwecke theils mit den Ansichten und Bedürfnissen der Zeit nicht vereinbar seien, theils auf veränderte Weise besser erreicht werden können;"

2. daß alle Klöster vom Tage des Gesetzes an als Staatsgüter betrachtet werden sollen;

3. daß alle vorhandenen Klöster nach und nach eingezogen werden sollen;

4. daß keine Anwartschaften ertheilt, keine Novizen auf-

genommen und Niemand in den Besitz einer Stelle gesetzt werden soll, bei Strafe der Nichtigkeit;

6. daß sich die Staatsregierung vorbehält, solche Klöster, welche sich mit der Erziehung der Jugend und der Krankenpflege beschäftigen, beizubehalten und nach Bedürfniß neu zu dotiren.

Die Begrenzungsmerkmale der Klöster „für Jugenderziehung und Krankenpflege" sind allerdings nicht genauer bestimmt, da sich die Staatsgewalt selbst die Beschlußnahme über die ausnahmsweise Beibehaltung gewisser Klöster vorbehalten hatte. Die Bezugnahme des Gesetzes auf „Zwecke", welche mit den Ansichten und Bedürfnissen der Zeit nicht vereinbar seien, die Analogie der Gesetzgebung im westlichen Deutschland und die herrschende Vorstellung der Zeit ergeben aber, daß die Abneigung vorzugsweise gegen Bettelorden und Jesuiten gerichtet war. Die Franziskaner und Dominikaner bezeichnete jene Zeit in ihrer Weise als „Freicorps der päpstlichen Armee," die Jesuiten als „Leibgarde".
Wiese Grundsätze des gemeinen Kirchenrechts, §. 170. 3. Aufl.

Daß insbesondere der Jesuitenorden unter den zu tolerirenden nicht gemeint war, ist daraus zu folgern, daß derselbe 1773 von Clemens XIV. (durch die Bulle Dominus ac redemptor noster) aufgehoben war, und erst 1814 durch Pius VII. restituirt wurde. Friedrich der Große hatte zwar den Jesuiten unter dem Namen: Priester des Königlichen Schuleninstituts — den ferneren Aufenthalt gestattet, jedoch mit der Maßgabe, daß sie ihre Verfassung aufgeben und ihre Ordenskleidung ablegen sollten. Friedrich Wilhelm II. hatte auch das Königliche Schulinstitut wieder aufgehoben. Bald darauf erging das Edict vom 20. October 1798 gegen die geheimen Verbindungen, nach dessen Fassung die vom Staat nicht anerkannten Jesuiten-Congregationen sogar unter die Kategorie der strafrechtlich zu verfolgenden Verbindungen fielen.

So weit nach dem gedachten Edict vom 30. October 1810 noch Klöster fortbestehen durften, blieben sie selbstverständlich den gesetzlichen Beschränkungen unterworfen, welche das Allgemeine Landrecht II. 11. §§. 939 ff. in weitem Umfang vorgeschrieben hat. Namentlich sollen die geistlichen Gesellschaften der Aufsicht des Bischofs unterworfen sein, so weit sie keine vom Staat genehmigte Exemtion nachweisen (§. 942); sie sollen dem Pfarrer in seinen Amtsverrichtungen keinen Eingriff thun (§. 943); geistliche Gesellschaften sollen ohne Genehmigung des Staats auswärtigen geistlichen Oberen nichts von ihrem Vermögen zuwenden (§. 961); in Fällen, in welchen das Wahlrecht eines Convents wegen Unregelmäßigkeit verloren wird, soll die Besetzung der Stelle nach Verschiedenheit der Verfassung dem Landesherrn, resp. dem geistlichen Obern zufallen (§. 1012); die Ordensobern sollen den Bischöfen in ihre Gerechtsame nicht eingreifen (§. 1060); kein außerhalb Landes wohnender Oberer der Klostergesellschaften soll irgend eine Gewalt, Direction oder Gerichtsbarkeit in Kirchensachen ohne ausbrückliche Einwilligung des Staats üben (§. 1061. 136); die von den höheren Ortsobern ernannten Klosterobern bedürfen der Approbation des Staats (§. 1062); Visitationen inländischer Klöster durch auswärtige Ordensobere dürfen nicht ohne Genehmigung des Staats vorgenommen werden (§. 1063); bei Ausübung der Klosterzucht sind die gesetzlich bestimmten Schranken innezuhalten (§. 1066. 946. 947); ohne Genehmigung des Staats dürfen keine Mitglieder außerhalb Landes verschickt, oder in auswärtige Klöster versetzt, oder auswärtige Mitglieder in inländische Klöster aufgenommen werden (§. 1068); die Aufnahme in das Kloster bedarf der Genehmigung der Eltern und Vormünder, resp. des Ehegatten und der Verlobten (§§. 1160 und 1166); kein Preußischer Unterthan soll ohne Erlaubniß des Staats in ein Kloster aufgenommen werden (§. 1161); keine Mannsperson vor zurückgelegtem 25. Jahre, keine Person weiblichen Geschlechts vor zurückgelegtem 21. Jahre zur Ablegung des Gelübbes zugelassen werden (§. 1162); das Probejahr darf unter keinerlei Vorwand abgekürzt werden (§. 1170); die geistlichen Obern dürfen Niemand unter dem Vorwand einer geistlichen Züchtigung zum Klosterleben nöthigen (§. 1173); den Staatsbehörden gebührt die letzte Entscheidung über die Gültigkeit oder Nichtigkeit eines Gelübbes (§§. 1174. 1175); die Ordensregeln dürfen nicht ohne Vorwissen oder Genehmigung des Staats geändert werden (§. 1181); Novizen dürfen nicht mehr als 4 Procent ihrer Vermögenssubstanz dem Kloster verschreiben ꝛc. ꝛc.

Es wird hiernach als Resultat anzuerkennen sein, daß · bis zum Erlaß der Verfassungs-Urkunde vom 31. Januar 1850

1) Klöster im rechtlichen Sinne nur durch specielle Anerkennung der Staatsgewalt und mit den gesetzlichen Beschränkungen des allgem. Landrechts II., 11., §§. 939 ff. bestehen konnten;

2) daß Privatvereinigungen oder Congregationen von Jesuiten oder Ordensbrüdern, welche ohne Staatsgenehmigung und außerhalb der gesetzlichen Vorschriften II., 11., §§. 939 ff. gebildet worden wären, nach Ansicht der Mehrheit der Commission unter das Edict vom 20. October 1798 gefallen sein würden, verbis:

Wir erklären daher für unzulässig und verbieten hierdurch Gesellschaften und Verbindungen

1) deren Zweck, Haupt- oder Nebengeschäft dahin geht, über gewünschte oder zu bewirkende Veränderungen in der Verfassung oder der Verwaltung des Staats oder über die Mittel, wie solche Veränderungen bewirkt werden können, oder über die zu diesem Zwecke zu ergreifenden Maßregeln Berathschlagungen, in welcher Absicht es sei, anzustellen;

2) worin unbekannten Oberen, es sei eiblich oder an Eidesstatt

durch Handschlag, mündlich oder schriftlich, wie es sei, Gehorsam versprochen wird;

3) worin bekannten Oberen auf irgend eine dieser Arten ein so unbedingter Gehorsam versprochen wird, daß man dabei nicht ausdrücklich alles dasjenige ausnimmt, was sich auf den Staat und dessen Verfassung und Verwaltung, oder auf den vom Staat bestimmten Religionszustand bezieht, oder was für die guten Sitten nachtheilige Folgen haben könnte;

4) welche Verschwiegenheit in Ansehung der den Mitgliedern zu offenbarenden Geheimnisse fordern oder sich angeloben lassen;

5) welche eine geheim gehaltene Absicht haben oder vorgeben oder zur Erreichung einer nahmhaft gemachten Absicht sich geheim . gehaltener Mittel, oder verborgener, mystischer, hieroglyphischer Formen bedienen.

Dies Edict vom 20. October 1798 war freilich (wie im Laufe der Discussion hervorgehoben wurde) zunächst durch die Hergänge der französischen Revolution veranlaßt, lautete indessen seinen Bestimmungen nach absolut und schloß sich unmittelbar an den Grundsatz des §. 184 u. 185 des Allg. Landr. II. 20., an ältere Gesetze über das Verbindungswesen seit den Zeiten der goldenen Bulle und an die polizeiliche Praxis (Henke, Krim.-Recht III. 103) an.

Allerdings ist diese beschränkende Territorial-Gesetzgebung nur ergangen für die am 30. October 1810 zu dem Preußischen Staat gehörigen Landestheile, beziehungsweise für das Geltungsgebiet des Preußischen Landrechts und des Edicts vom 20. October 1798. Allein in den westlichen Theilen Deutschlands hatte schon früher die französische Gesetzgebung ihren tief eingreifenden Einfluß geübt. Auf der linken Seite des Rheins war durch Decret vom 17. Mai 1796 die Einziehung aller Bisthums-, Capitel-, Pfarr- und Ordensgüter verfügt worden. Das Gesetz vom 1. September 1796, Art. 4, hatte alle Klöster und Abteien — généralement toutes les maisons ou établissements religieux de l'un ou de l'autre sexe — in den neu vereinigten Departements aufgehoben und das Tragen der Ordenskleider untersagt. (Hermens, Handbuch der Staatsgesetzgebung über den christlichen Cultus in den Provinzen des linken Rheinufers, Band I. u. II.)

Das französische Concordat vom 15. Juli 1801 stellte nur die Pfarren und Stifter wieder her, insbesondere Cathedralcapitel und Seminare, und die dazu erlassenen organischen Artikel erklärten ausdrücklich: tous autres établissemens ecclesiastiques sont supprimés; wobei Portalis zur Motivirung ausführt: die religiösen Orden seien dem gouvernement fondamental de l'église fremde Institutionen, denen gegenüber vielmehr der religiöse Unterricht und die Predigt des Christenthums und die Pfarrer zu beschützen seien, welche des Tages Last und Hitze zu ertragen haben, dagegen die Ordensgeistlichkeit für die wahre Wirksamkeit der Kirche nur verderblich gewesen. In den Art. 32 und 33 wird jedem

Fremden untersagt, ohne Erlaubniß des Gouvernements geistliche Funktionen auszuüben, und auch dem inländischen Geistlichen, welcher nicht zur Diöcese gehört, jede Funktion untersagt.

Auf deutschem Gebiet durchkreuzte sich diese Gesetzgebung mit den politischen Ereignissen und Territorialveränderungen jener Zeit. Durch §. 35 des Haupt-Deputations-Schlusses vom 23. Februar 1803 wurden alle Güter der fundirten Stifter, Abteien und Klöster der freien und vollen Disposition der betreffenden Landesherren überlassen. Nach §. 42 konnte die Säcularisation der geschlossenen Frauenklöster nur im Einverständniß mit dem Diöcesanbischof geschehen. Die Mannesklöster waren dagegen der Verfügung des Landesherrn oder neuen Besitzers unterworfen, welche sie nach freiem Belieben aufheben oder beibehalten konnten (Erkenntniß des Obertribunals vom 15. Decbr. 1852, Entscheidung Bd. XXV, S. 27).

In Uebereinstimmung mit dieser französischen Gesetzgebung war inzwischen durch den Consularbeschluß vom 9. Juni 1803 für die 4 Departements der Saar, der Roer, des Rheins und der Mosel die Unterdrückung der Klöster und geistlichen Orden bestätigt und den Geistlichen das Tragen der Ordenskleider untersagt worden. Ebenso wurden für das Herzogthum Berg durch kurfürstliches Rescript vom 11. September 1803 die Aufhebung der Abteien und Klöster (mit Ausnahme der der Krankenpflege gewidmeten) bestätigt, durch Verordnung vom 11. April 1806 alle im Herzogthum Cleve noch bestehenden Mannesklöster aufgehoben.

Im Königreich Westphalen unterlagen der Säcularisation zuerst im Jahre 1809 alle Nonnenklöster und im Jahre 1810 alle übrigen geistlichen Institute ohne Unterschied, mit alleiniger Ausnahme der für den öffentlichen Unterricht bestimmten (cf. das Decret vom 13. Mai 1809, 1. December 1810, 3. April 1812, enthalten in dem Bulletin de Lois de Westphalie V. 211, IX. 361, XI. 331). (Vogt, Kirchen- u. Eherecht der Katholiken und Evangelischen in den Königlich Preußischen Staaten. Breslau 1856. Band I., Seite 604).

In dem größeren Theile der Monarchie besteht hiernach allerdings eine gesetzliche Aufhebung und Mißbilligung der Klöster als Institutionen, mit gewissen Vorbehalten für die Staatsregierung, Klöster für die Erziehung der Jugend, resp. für die Krankenpflege fortbestehen zu lassen.

Ein anderes Recht gilt für die wiedervereinigten und neuen Landestheile, in welchen die Zwischengesetzgebung über das Fortbestehen der Klöster keine Bestimmung getroffen hat, wie in den ehemals Sächsischen Landestheilen, und in dem größeren Theile der neuerworbenen Provinzen.

In dem größten Theile des heutigen Gebietes der Preußischen Staaten bedurfte hiernach das rechtliche Fortbestehen eines Klosters einer ausdrücklichen Anerkennung der Staatsregierung, durch welche erst festzustellen war, ob das Kloster unter die Ausnahmecategorie der Klöster zum Zwecke der Jugenderziehung und Krankenpflege falle.

Die Verfassungs-Urkunde, Artikel 13, hat die Beschränkung hinzugefügt:

5*

daß geistliche Gesellschaften (also Klöster und Orden, §. 939 des Allgem. Landrechts, II. 11), welche keine Corporations-rechte haben, diese Rechte nur durch besondere Gesetze er-langen können.

Da notorisch seit dem Erlaß der Verfassung vom 31. Jan. 1850 derartige Gesetze dem Landtage nicht vorgelegt sind, so wird zu folgern sein, daß alle seit jenem Tage etwa an Klöster oder geistliche Orden er-theilten Corporationsrechte nicht zu Rechte bestehen.

Die Petenten behaupten nun, daß im Widerspruch damit am 4. August 1869 die Einweihung eines Dominikanerklosters zu Moabit bei Berlin stattgefunden habe. Ein Beweis für diese Behauptung ist al-lerdings nicht geführt, da die durch Berliner Zeitungen veröffentlichte Ein-weihungsrede unbeglaubigt ist, und nicht erhellt, daß der Redner von den competenten geistlichen Behörden dazu autorisirt, oder von den Staatsbe-hörden ein Institut oder Act jener Art irgendwie anerkannt worden. Da-gegen findet die Behauptung, daß ein mit den Gesetzen in Widerspruch stehender Zustand vorhanden sei, einen Anhalt in einer Erklärung des Königlichen Legationsraths F. v. Kehler, welcher zur Berichtigung an-derer Zeitungsartikel in der hiesigen Spener'schen Zeitung veröffentlicht worden ist, und in dem betreffenden Passus dahin lautet:

„Die Grundstücke in Moabit, Thurmstr. 75 u. 78, gehören einem mit Corporationsrechten ausgestatteten Wohlthä-tigkeitsvereine zur Verpflegung katholischer Waisenkinder. Von diesem Vereine bin ich mit Generalvollmacht versehen, und auf Grund dieser Vollmacht sind von mir die Bauerlaubnißscheine zu den auf jenen beiden Grundstücken aufgeführten Neu- und beziehungsweise Erweiterungsbauten extrahirt worden. Auf dem Grundstücke Nr. 58 befindet sich die Anstalt zur Erziehung katholischer Waisenknaben unter Leitung von vier Fran-ziskanerbrüdern, und auf demselben Grundstücke wohnen in besonderem Hause seit etwa Jahresfrist zwei, jetzt drei Dominikaner-Patres, welche unentgeltlich bei der Seel-sorge der Waisenanstalt sich betheiligen, und zugleich die Ab-haltung des Gottesdienstes für die zahlreichen Katho-liken in Moabit übernommen haben. Für dieses Grundstück ist der Bauconsens nur zur Erbauung einer Retirade eingeholt worden. Auf dem Grundstücke Nr. 57 ist eine Kesselschmiede mit daranstoßenden Wohnungsräumen zu einer Capelle umge-baut, beziehungsweise sind die Wohnungsräume erweitert wor-den. In den erwähnten Wohnungsräumen werden allerdings die Dominikaner später Aufnahme finden. Nichts desto weniger konnte, wie aus dem officiösen Artikel der Norddeutschen Allgem. Zeitung über die rechtliche Stellung der Klöster in Preußen zur Genüge ersichtlich ist, der Bauerlaub-nißschein für ein Kloster nicht nachgesucht werden, weil die

Niederlassung der Dominikaner die Eigenschaft eines Klosters im gesetzlichen Sinne gar nicht besitzt, und ebenso wenig für sich in Anspruch nimmt.

Berlin, den 21. August 1869.

Fr. v. Kehler."

Der Aussteller dieser Erklärung beruft sich in weiterer Ausführung darauf, daß die durch die Verfassung und bestehende Gesetzgebung den Angehörigen des Norddeutschen Bundes verliehenen Rechte und Freiheiten „auch für uns Katholiken" vorhanden seien. — Allein es bleibt dabei die auffallende Erscheinung stehen, daß eine Mehrzahl von Franziskanern und Dominikanern anscheinend die Leitung einer Waisen- und Erziehungs-anstalt übernimmt, während doch diese Orden ihrem Charakter nach nicht zu denjenigen gehören, deren Fortbestand in dem Edict vom 30. October 1810 in diesem Landestheil für zulässig erklärt worden ist.

Wo bestehen die Franziskaner- und Dominikanerklöster, deren Mit-glieder hier als solche Erziehungs- und Waisenhäuser leiten? Bestehen sie im Gebiete der Preußischen Staaten?

Zur Beantwortung dieser Frage wurde von Mitgliedern der Peti-tions-Commission aus verschiedenen Theilen des Landes geltend gemacht, daß das Bestehen von Mönchs- und Nonnenklöstern, insbesondere auch von Instituten unter Leitung der Jesuiten, in dem Geltungsgebiet des Edicts vom 30. October 1810 wie der Französischen und Westphälischen Gesetzgebung, notorisch sei, von Geistlichen und Laien im weitesten Sinne anerkannt werde, und daß auch durch die Presse von Zeit zu Zeit Ver-zeichnisse der in diesen Gebieten bestehenden Mönchs- und Nonnenklöster gegeben werden. Beispielsweise wurde in der Commission folgende Schrift aus der hiesigen Königl. Bibliothek vorgelegt (gezeichnet mit dem Stempel Ex Bibliotheca Regia) unter dem Titel „Berliner Bonifacius-Kalen-der, redigirt von Müller, Berlin 1867", und folgende Jahrgänge. Der Kalender pro 1870 (III. Auflage), Seite 152 u. 153, giebt darüber folgendes Verzeichniß:

Verzeichniß der Zahl der Klöster und

Zahl der Klöster und klösterlichen Anstalten in Preußen, u. deren Priester oder Profeß-Schwestern mit Novizen und Laien-Brüdern und Laien-Schwestern.	Fürst-Bisthum Breslau 1,939,851 Kathol.			Erz-Diözese Posen-Gnesen 920,307 Kathol.			Diözese Culm 529,734 Kathol.			Diözese Ermland 268,000 Kathol.			Erz-Diözese Cöln 1,470,108 Kathol.		
	Klöster und Anst.	Pr. und O.-Gr.	Nov. und Laien.	Klöster und Anst.	Pr. und O.-Gr.	Nov. und Laien.	Klöster und Anst.	Pr. und O.-Gr.	Nov. und Laien.	Klöster und Anst.	Pr. und O.-Gr.	Nov. und Laien.	Klöster und Anst.	Pr. und O.-Gr.	Nov. und Laien.
Jesuiten	2	6	2	1	7	4	—	—	—	—	—	—	5	36	—
Franciscaner	3	8	11	4	22	15	3	18	36	—	—	—	3	27	21
Barmherzige Brüder (Alexianer)	5	66	24	—	—	—	—	—	—	—	—	—	6	78	—
Dominikaner	1	2	1	2	10	—	—	—	—	—	—	—	1	5	2
Lazaristen	—	—	—	—	—	—	1	4	5	—	—	—	4	15	—
Priester des heiligen Geistes	—	—	—	—	—	—	—	—	—	—	—	—	2	3	1
Redemptoristen	—	—	—	—	—	—	—	—	—	—	—	—	1	8	—
Trappisten	—	—	—	—	—	—	—	—	—	—	—	—	12	23	—
Brüder der christlichen Schule	—	—	—	—	—	—	—	—	—	—	—	—	1	6	—
Arme Brüder	1	4	1	—	—	—	—	—	—	—	—	—	2	28	—
Capuciner	—	—	—	—	—	—	—	—	—	—	—	—	—	—	—
Congregation des Philipp Neri	—	—	—	1	10	—	—	—	—	—	—	—	—	—	—
Benedictiner	—	—	—	—	—	—	—	—	—	—	—	—	—	—	—
Augustiner	—	—	—	—	—	—	—	—	—	—	—	—	—	—	—
Summa	12	86	39	8	49	19	4	22	41	—	—	—	28	218	48
Ursulinerinnen	5	119	56	1	37	5	—	—	—	—	—	—	7	103	34
Salesianerinnen (Heimsuchung)	—	—	—	—	—	—	—	—	—	—	—	—	—	—	—
Katharinenschwestern	—	—	—	—	—	—	—	—	—	17	139	16	—	—	—
Elisabethinerinnen	1	37	—	2	9	—	1	6	—	—	—	—	5	82	—
Schwestern vom guten Hirten	2	23	9	—	—	—	—	—	—	—	—	—	2	32	—
Magdalenerinnen	1	21	10	—	—	—	—	—	—	—	—	—	—	—	—
Schulschwestern	28	128	25	1	2	—	—	—	—	—	—	—	6	56	—
Borromärinnen	51	222	179	—	—	—	1	11	—	1	3	—	11	82	8
Vinzentinerinnen	1	5	—	11	60	—	7	73	—	3	12	—	2	16	4
Franziskanessen (barmherzige Schwestern)	6	28	—	—	—	—	1	9	—	—	—	—	29	334	13
Tertiarerinnen vom heiligen Franz	—	—	—	—	—	—	—	—	—	—	—	—	5	30	8
Dienstmägde Christi	1	4	2	—	—	—	—	—	—	—	—	—	27	166	—
Hedwig's Schwestern	5	15	11	—	—	—	—	—	—	—	—	—	—	—	—
Grauer Schwestern der heiligen Elisabeth	45	170	76	3	11	2	1	4	2	1	9	1	—	—	—
Kleine Mägde Marions	3	10	16	10	43	20	—	—	—	—	—	—	—	—	—
Benedictinerinnen	—	—	—	—	—	—	—	—	—	—	—	—	1	12	14
Klarissinen	—	—	—	—	—	—	—	—	—	—	—	—	1	11	6
Carmelitessen	—	—	—	1	9	—	—	—	—	—	—	—	2	27	5
Congregation de Notre-dame	—	—	—	—	—	—	—	—	—	—	—	—	1	19	—
Salvatorschwestern	—	—	—	—	—	—	—	—	—	—	—	—	1	11	3
Schwestern vom armen Kinde Jesu	1	6	—	—	—	—	—	—	—	—	—	—	18	277	79
Töchter vom heiligen Kreuz	—	—	—	—	—	—	—	—	—	—	—	—	4	49	12
Wartenonnen	—	—	—	—	—	—	—	—	—	—	—	—	5	50	23
Augustinerinnen	—	—	—	—	—	—	—	—	—	—	—	—	2	32	—
Christiferinnen	—	—	—	—	—	—	—	—	—	—	—	—	1	10	—
Gelliten zur heiligen Gertrud	—	—	—	—	—	—	—	—	—	—	—	—	1	13	—
Genossenschaft zu unserer lieben Frau	—	—	—	—	—	—	—	—	—	—	—	—	1	8	—
Clemens Schwestern	—	—	—	—	—	—	—	—	—	—	—	—	—	—	—
Töchter vom heiligen Herz	—	—	—	1	25	11	—	—	—	—	—	—	—	—	—
Französische Nonnen	—	—	—	—	—	—	—	—	—	—	—	—	—	—	—
Englische Fräulein	—	—	—	—	—	—	—	—	—	—	—	—	—	—	—
Summa	150	781	838	30	196	36	11	103	2	22	165	17	142	1415	206

klöſterlichen Anſtalten in Preußen.

Diözeſe Trier 885,882 Kathol.			Diözeſe Münſter 706,762 Kathol.			Diözeſe Paderborn 627,085 Kathol.			Diözeſe Hildesheim 81,170 Kathol.			Diözeſe Osnabrück 156,805 Kathol.			Diözeſe Fulda 132,000 Kathol.			Diözeſe Limburg 251,083 Kathol.			Prager Comm. Glatz 154,442 Kathol.			Olmütz Comm. Katſcher 110,426 Kathol.			Hohenzollern 63,461 Kathol. Freib. Diözeſe.	
Klöſter und Anſt.	Pr. und O.-Gr.	Nov. und Laien.	Klöſter und Anſt.	Pr. und O.-Gr.	Nov. und Laien.	Klöſter und Anſt.	Pr. und O.-Gr.	Nov. und Laien.	Klöſter und Anſt.	Pr. und O.-Gr.	Nov. und Laien.	Klöſter und Anſt.	Pr. und O.-Gr.	Nov. und Laien.	Klöſter und Anſt.	Pr. und O.-Gr.	Nov. und Laien.	Klöſter und Anſt.	Pr. und O.-Gr.	Nov. und Laien.	Klöſter und Anſt.	Pr. und O.-Gr.	Nov. und Laien.	Klöſter und Anſt.	Pr. und O.-Gr.	Nov. und Laien.	Klöſter und Anſt.	Pr. und O.-Gr.
2	32	4	2	17	—	1	10	—	—	—	—	1	4	3	—	—	—	2	21	17	—	—	—	—	—	—	1	15
4	16	8	3	18	—	6	43	—	—	—	—	—	—	—	—	—	—	5	25	15	—	—	—	—	—	—	1	3
4	36	—	—	—	—	—	—	—	1	8	—	1	8	5	—	—	—	—	—	—	—	—	—	—	—	—	—	—
—	—	—	—	—	—	—	—	—	—	—	—	—	—	—	—	—	—	1	6	20	—	—	—	—	—	—	—	—
1	15	11	1	14	—	—	—	—	—	—	—	—	—	—	—	—	—	1	10	5	—	—	—	—	—	—	—	—
2	41	—	—	—	—	—	—	—	—	—	—	—	—	—	—	—	—	—	—	—	—	—	—	—	—	—	—	—
—	—	—	2	16	—	—	—	—	—	—	—	—	—	—	—	—	—	—	—	—	—	—	—	—	—	—	—	—
—	—	—	—	—	—	—	—	—	1	3	1	—	—	—	—	—	—	—	—	—	—	—	—	—	—	—	1	12
13	140	23	9	65	—	8	58	—	3	10	9	—	—	—	2	21	17	7	41	40	—	—	—	—	—	—	3	30
2	56	—	1	18	6	1	14	7	3	37	19	1	18	2	—	—	—	—	—	—	—	—	—	—	—	—	—	—
1	27	—	1	19	5	1	16	13	1	20	8	—	—	—	—	—	—	—	—	—	—	—	—	—	—	—	—	—
1	20	—	1	21	22	—	—	—	—	—	—	—	—	—	—	—	—	—	—	—	—	—	—	—	—	—	—	—
3	21	6	14	76	—	9	68	—	7	11	6	3	10	—	—	—	—	3	21	—	1	3	1	4	10
19	143	5	2	18	—	—	—	—	—	—	—	—	—	—	—	—	—	1	5	—	1	5	4	12
15	54	40	24	171	—	43	206	—	9	40	12	6	30	—	1	7	—	5	23	—	2	4
10	38	—	6	63	—	11	62	—	2	30	—	—	—	—	—	—	—	—	—	—	—	—	—
—	—	—	4	14	—	1	16	—	13	52	—	—	—	—	23	74	40	—	—	—	—	—	—
—	—	—	—	—	—	2	5	2	—	—	—	1	5	1	1	2	—	1	2	—	3	6	5
1	14	—	—	—	—	—	—	—	—	—	—	1	10	4	1	31	4	—	—	—	—	—	—
—	—	—	1	18	5	—	—	—	—	—	—	—	—	—	—	—	—	—	—	—	1	2
1	19	—	1	12	—	—	—	—	—	—	—	—	—	—	—	—	—	—	—	—	—	—	—
—	—	—	7	74	23	3	20	—	—	—	—	—	—	—	—	—	—	—	—	—	1	5
—	—	—	—	—	—	3	80	8	—	—	—	—	—	—	—	—	—	—	—	—	—	—	—
1	28	—	28	201	—	—	—	—	—	—	—	—	—	—	—	—	—	—	—	—	—	—	—
—	—	—	52	262	—	2	9	—	—	—	—	—	—	—	—	—	—	—	—	—	—	—	—
—	—	—	1	24	17	6	52	—	—	—	—	—	—	—	—	—	—	1	19	2	1	12	—
53	420	51	143	1001	78	94	550	29	22	138	45	6	25	5	10	100	8	25	93	40	12	51	—	5	14	6	12	55

Die Commission hat sich durch diese Vorlagen veranlaßt gesehen, die Königliche Staats-Regierung zunächst um Auskunft über die thatsächlichen und rechtlichen Verhältnisse jener angeblichen Mönchs- und Nonnenklöster zu ersuchen. Es waren zu diesem Behufe folgende Commissarien ernannt worden:

1. von dem Herrn Minister der geistlichen ꝛc. Angelegenheiten der Geheime Regierungsrath Linhoff;
2. von dem Herrn Minister des Innern der Geheime Regierungsrath Küster;
3. von dem Herrn Justiz-Minister der Geheime Ober-Justizrath Dr. v. Schelling.

Die Regierungs-Commissarien wurden zunächst um Auskunft über folgende Fragen ersucht:

Sind der Königlichen Staats-Regierung jene periodisch veröffentlichten Verzeichnisse von Klöstern und klösterlichen Anstalten bekannt?

Hat die Königliche Staats-Regierung nach Publication des Edicts vom 30. October 1810 Corporationsrechte an Mönchs- oder Nonnenklöster ertheilt, eventuell an welche Klöster ist dies geschehen?

Insbesondere sind nach Erlaß der Verfassungs-Urkunde vom 30. Januar 1850 Corporationsrechte an Klöster, klösterliche Institute, Seitens der Königl. Staats-Regierung ertheilt worden?

Hält es die Königliche Staatsregierung für zulässig, Concessionen für Unterrichts-, Erziehungs-Anstalten, Krankenhäuser ꝛc. an Personen zu ertheilen, welche sich amtlich oder öffentlich als dem Jesuitenorden, den Redemptoristen, den Dominikanern, den Franziskanern oder einer anderen bekannten Denomination der Regulargeistlichkeit zugehörig bezeichnen?

Erkennt die Königliche Staatsregierung eine Mehrheit von den zu solchen Zwecken verbundenen Regularen als einen erlaubten Privatverein an?

Nimmt die Königliche Staatsregierung an, daß insbesondere der Jesuitenorden und die Bettelorden zu den Verbindungen zu rechnen sind, in welchen gegen unbekannte Obere Gehorsam oder gegen bekannte Obere unbedingter Gehorsam versprochen wird?

Der Commissarius des Herrn Ministers der geistlichen Angelegenheiten gab hierauf folgende Erklärung ab:

Der Ausführung, daß kein „Concordat" zwischen der Krone Preußen und dem päpstlichen Stuhle existire, daß vielmehr die Verhältnisse der katholischen Kirche in Preußen durch die mittels Allerhöchster Cabinets-

Ordre vom 23. August 1821 als bindendes Statut der katholischen Kirche des Staats sanctionirte und durch die Gesetzsammlung publicirte päpstliche Bulle de salute animarum vom 16. Juli desselben Jahres geordnet seien, kann auch die Staatsregierung nur beitreten.

Klöster im gesetzlichen Sinne des Wortes, worunter geistliche Corporationen, deren Mitglieder zu gemeinschaftlichem Leben und zu besonderer gemeinschaftlicher Religionsübung nach gewissen, von der Kirche bestätigten Regeln durch feierliche Gelübde sich verpflichtet haben, zu verstehen sind, waren zur Zeit der Emanation der Verfassungs-Urkunde vom 31. Januar 1850 in Preußen in nicht großer Zahl vorhanden. Seitdem sind in den acht älteren Provinzen des Staats neue derartige Klöster nicht entstanden, weil sie als geistliche Gesellschaften nach Art. 13 der Verfassungs-Urkunde Corporationsrechte nur durch besondere Gesetze hätten erlangen können, solche Gesetze aber bis jetzt nicht ergangen sind.

Dagegen haben Genossenschaften, deren Mitglieder sich aus christlicher Liebe wohlthätigen Zwecken, namentlich der Krankenpflege, sowie dem Unterricht und der Erziehung der Jugend widmen, schon vor Erlaß der Verfassungs-Urkunde sich in erheblicher Zahl gebildet. Diese Genossenschaften unterscheiden sich wesentlich von den Orden, indem ihre Mitglieder nur einfache Gelübde ablegen und nicht den strengen Clausurvorschriften, so wie den vermögensrechtlichen Beschränkungen, gleich den Orden, unterworfen sind.

Die Verfassungs-Urkunde vom 31. Januar 1850 gewährleistet im Art. 12, neben der Freiheit des religiösen Bekenntnisses, ausdrücklich die Freiheit der Vereinigung zu Religionsgesellschaften, zu denen nach den §§. 10 bis 12, Tit. 11, Th. II. des Allg. Landrechts auch die geistlichen Gesellschaften, worunter nach §. 939 a. a. O. Stifte, Klöster und Orden verstanden werden, zu zählen sind, sowie der gemeinsamen häuslichen und öffentlichen Religionsübung, und giebt im Artikel 30 allen Preußen das Recht, sich zu solchen Zwecken, welche den Strafgesetzen nicht zuwiderlaufen, in Gesellschaften zu vereinigen. Die Ausübung dieses Rechts kann auf Grund des Edicts über die Einziehung sämmtlicher geistlicher Güter in der Monarchie vom 30. October 1810 nicht beschränkt oder gehindert werden. Dasselbe bezieht sich auf die damals bestandenen Stifte und Klöster, und untersagt diesen die Ertheilung von Anwartschaften, sowie die Aufnahme von Novizen, enthält aber sonst kein Verbotgesetz, conservirt ausdrücklich die Klöster, welche sich mit Erziehung der Jugend und Krankenpflege beschäftigen, nimmt sogar deren neue Fundirung in Aussicht und ist kein Strafgesetz.

Auch die rheinisch-französische Gesetzgebung, namentlich das arrêté vom 20. Prairial an X. (Hermens, Handbuch der Staatsgesetzgebung über den christlichen Cultus, Bd. I. p. 652), das Decret vom 3. Messidor an XII. (Hermens, Bd. II. p. 287), das Decret vom 18. Febr. 1809 (a. a. O. p. 402) und der Reichsdeputations-Hauptschluß vom 25. Februar 1803 enthalten kein mit Strafandrohung verbundenes Verbot der Errichtung geistlicher Gesellschaften.

Die Verhandlungen sowohl der ersten, als auch der zweiten Kammer wegen Revision der Verfassungs-Urkunde vom 5. December 1848 lassen keinen Zweifel darüber zu, daß man sich damals der Richtigkeit dieser Auffassung vollkommen bewußt gewesen ist. Wenn auf §. 98 des Strafgesetzbuches vom 14. April 1851 hingewiesen ist, wonach die Theilnahme an einer Verbindung, deren Dasein, Verfassung oder Zweck vor der Staatsregierung geheim gehalten werden soll, oder in welcher gegen unbekannte Obere Gehorsam, oder gegen bekannte Obere unbedingter Gehorsam versprochen wird, an den Mitgliedern mit Gefängniß bis zu sechs Monaten, und an den Stiftern, Vorstehern und Beamten der Verbindung mit Gefängniß von einem Monat bis zu einem Jahr zu bestrafen ist, so kommt in Betracht, daß nach den bewährtesten Kirchenrechtslehrern die Ordensmitglieder überhaupt sich nicht zu einem unbedingten Gehorsam verpflichten, und daß in den bekannten Statuten und Regeln der in Frage stehenden geistlichen Gesellschaften sich ein Gebot des unbedingten Gehorsams gegen bekannte oder des Gehorsams gegen unbekannte Obere nicht findet, so daß sich kein Anlaß zum Vorgehen auf Grund der gedachten Strafbestimmung ergeben hat.

Die Annahme, daß in Moabit ein Dominikaner- und ein Franziskaner Kloster errichtet sei, beruht auf Irrthum. Der hierselbst bestehende und durch die Allerhöchste Ordre vom 10. Juli 1841 mit Corporationsrechten ausgestattete Frauenverein zu St. Hedwig zur Verpflegung katholischer Waisen hat die bis dahin Große Hamburger Straße Nr. 10 befindliche Knaben-Waisenanstalt von dort nach Moabit verlegt, und die häusliche Sorge für die Waisen, welche den Unterricht in der Ortsschule empfangen, vier Franziskaner Laienbrüdern aus dem Aachener Mutterhause übertragen, während die Seelsorge und die Abhaltung des Gottesdienstes von zwei Dominikaner-Patres übernommen ist.

Anlangend die Zusammenstellung der Klöster und klösterlichen Anstalten in Preußen in dem vom Geistlichen Rath rc. Müller herausgegebenen Berliner Bonifacius-Kalender für das Jahr 1870 bemerkt der Commissarius, daß der genannte Herausgeber des Kalenders zu dem Königlichen Ministerium der geistlichen rc. Angelegenheiten in durchaus keiner Beziehung steht, sondern bei der St. Hedwigskirche als Missionsvikar angestellt ist und Zeitens des Fürstbischofs von Breslau den Titel eines geistlichen Raths erhalten hat. In der Zusammenstellung sind die in Preußen vorhandenen Klöster, die Stationen der geistlichen Orden und Genossenschaften, sowie die Anstalten, an denen Mitglieder der letzteren beschäftigt sind, unterschiedslos zusammengefaßt. Die aus derselben gezogene Folgerung, daß die Klöster in Preußen sich bedeutend vermehrt haben, erklärt sich daher leicht, trifft aber nicht zu.

Der Comissarius des Herrn Ministers des Innern fügte diesen Ausführungen Folgendes hinzu:

Der Begriff eines Klosters im rechtlichen Sinne, insbesondere auch nach der Definition des Allgemeinen Landrechts, setze den Besitz von Cor-

porationsrechten voraus. Da geistliche Gesellschaften nach Art. 13 der
Verfassungs-Urkunde diese Rechte nur durch besondere Gesetze erlangen
können, und es notorisch sei, daß kein derartiges Specialgesetz seit Erlaß
der Verfassung erlassen worden, so ergebe sich, daß seit dieser Zeit neue
Klöster nicht entstanden sein können.

Was aber anderweite, mit Corporationsrechten nicht versehene geistliche Verbindungen anlange, so begreife das im Artikel 30 der Verfassungs-Urkunde allen Preußen gewährleistete Recht, sich zu Zwecken, die
den Strafgesetzen nicht zuwiderlaufen, in Gesellschaften zu vereinigen, auch
die Befugniß in sich, sich zu geistlichen Gesellschaften zu verbinden. Derartige Verbindungen seien im rechtlichen Sinne keine Klöster, sondern
Vereine, und müssen lediglich nach den Bestimmungen der das Versamm-
lungs- und Vereinsrecht betreffenden Gesetze beurtheilt werden.

Wenn erwähnt worden, daß Verbindungen von Mitgliedern geistlicher Orden aus dem Grunde strafgesetzwidrig seien, weil die Mitglieder
sich zu unbedingtem Gehorsam gegen ihre Oberen verpflichten, so sei dies
eine unerwiesene Behauptung. Der Staatsregierung seien keine Umstände
bekannt geworden, welche in bekannten Fällen den Thatbestand des Artikels 98 des Strafgesetzbuches hätten erkennen lassen.

Der Commissarius des Herrn Justiz-Ministers gab nachstehende Erklärung ab:

Der Artikel 30 der Verfassungs-Urkunde habe allen Preußen das
Recht der freien Association für alle den Strafgesetzen nicht zuwiderlau-
fende Zwecke auch auf dem religiösen Gebiete eröffnet. Könnte hierüber
noch ein Zweifel bestehen, so beseitige sich derselbe Angesichts der Thatsache, daß die zur Ausführung des Artikels 30 erlassene Verordnung
vom 10. März 1850 im letzten Absatz des §. 2 auch die kirchlichen
und religiösen Vereine in seinen Bereich ziehe, und, soweit sie nicht Corporationsrechte erlangt, den Bestimmungen der §§. 1 und 2 unterstelle.
Eine zweite Beschränkung dieser Vereine sei durch den Artikel 13 begründet worden, indem danach geistliche Gesellschaften Corporationsrechte
nur durch besondere Gesetze erlangen können. Dieser Zusatz beruhe auf
einem in der Ersten Kammer gestellten Antrage des Abg. v. Ammon,
welcher bezweckt habe, damit die Anfässigmachung von katholischen Ordensgesellschaften, insbesondere der Jesuiten, in Preußen zu erschweren.
Die Stellung dieses Antrages und dessen Annahme beweise, daß man die
Niederlassung von dergleichen Orden nach den allgemeinen Grundsätzen
der Verfassung für statthaft erachtet, wie denn auch die Verhandlungen
über diesen Antrag, insbesondere die Reden des Abg. v. Ammon und des Abg.
Wachler (Stenogr. Bericht I. Kammer 49/50. Bd. II. S. 962 ff.) die
von keiner Seite bestrittene Ueberzeugung beurkundeten, daß die Mitglieder der geistlichen Orden durch die Verfassungs-Urkunde das freie Associationsrecht erlangt hätten. Es sei bei unbefangener Betrachtung der erwähnten Gesetze und Verhandlungen nicht möglich, sich der Ueberzeugung
zu verschließen, daß nach der Absicht des Gesetzgebers die neu sich bilden-

ben geistlichen Gesellschaften nur ben aus jenen Gesetzen sich ergebenden Beschränkungen, nicht aber ben in bem älteren Rechte in Bezug auf geistliche Orben und Klöster getroffenen Bestimmungen unterworfen sein sollen.

Bei Fortsetzung ber Berathung übergab ber Herr Commissarius bes Ministers ber geistlichen 2c. Angelegenheiten bas nach Maßgabe ber bei bem Königlichen Ministerium vorhandenen Schematismen zusammengestellte nachstehende Verzeichniß ber in Preußen vorhandenen Stationen ber geistlichen Orben und Genossenschaften, ohne jedoch eine Garantie ber Richtigkeit und Vollständigkeit zu übernehmen.

Uebersicht

ber in

Preußen vorhandenen Stationen geistlicher Orben u. Genossenschaften.

I. Männliche Orben.

Bezeichnung bes Orbens.	Zahl ber			Bemerkungen.
	Stationen.	Mitglieber.	Novizen und Calenbrüder.	
1) Jesuiten	14	122	29	Aushülfe in ber Seelsorge und Abhaltung von Missionen.
2) Franziskaner	29	146	207	Desgleichen.
3) Capuziner	4	20	2	Desgleichen.
4) Dominikaner	3	13	7	Desgleichen.
5) Rebemptoristen . . .	4	50	17	Desgleichen.
6) Trappisten	1	6	33	Landbau und Betrachtung.
7) Benebiktiner	1	14	—	Wissenschaftliches Studium und Aushülfe in ber Seelsorge.
8) Barmherzige Brüder .	5	66	24	Krankenpflege.
9) Augustiner	1	3	1	Aushülfe in ber Seelsorge.
10) Oratorianer	1	10	—	Pflege ber Armen und Kranken.
in Summa	63	450	320	

II. Männliche Genossenschaften.

Bezeichnung der Genossenschaften.	Zahl der			Bemerkungen.
	Stationen.	Mitglieder.	Novizen und Laienbrüder.	
1) Lazaristen	6	31	8	Außäßliche Seelsorge und Abhaltung von Missionen.
2) Alexianer	9	101	—	Wartung d. Kranken u. Verpflegung unvermögl. d. Geisteskrank.
3) Priester d. heil. Geistes	3	12	33	Leitung der Emeriten- und Demeritenhäuser.
4) Schulbrüder	3	21	16	Unterricht.
5) Barmherzige Brüder .	9	71	8	Krankenpflege.
6) Franziskaner-Brüder .	2	31	—	Erziehung und Pflege armer Knaben.
in Summa	32	267	35	

III. Weibliche Orden.

Bezeichnung des Ordens.	Zahl der			Bemerkungen.
	Stationen.	Mitglieder.	Novizen u. Laienschwestern.	
1) Ursulinerinnen . . .	24	368	214	Unterricht und Erziehung.
2) Elisabethinerinnen . .	2	33	3	Krankenpflege.
3) Frauen vom guten Hirten	6	83	45	Besserung gefallener Personen weiblichen Geschlechts.
4) Benediktinerinnen . .	4	60	31	Betrachtung.
5) Clarissen	2	32	11	Desgleichen.
6) Carmelitessen	3	36	8	Desgleichen.
in Summa	41	612	312	

IV. Weibliche Genossenschaften.

Bezeichnung der Genossenschaften.	Zahl der			Bemerkungen.
	Stationen oder Anstalten.	Mitglieder.	Novizen u. Laienschwestern.	
1) Barmherzige Schwestern:				
a) vom heil. Carl Borromäus .	88	457	232	Krankenpflege.
b) vom heil. Vincenz von Paul	92	435	64	desgl
c) Clemens-Schwestern . . .	52	267	—	desgl.
d) vom heil. Franziskus . . .	88	773	35	desgl.
e) graue Schwestern	55	198	86	desgl.
f) Dienstmägde Christi . . .	83	350	65	desgl.
g) vom heil. Kreuz	16	161	44	desgl.
h) zur heil. Elisabeth	11	97	36	desgl
i) zur heil. Maria	17	82	20	desgl.
k) zur heil. Hedwig	6	9	5	desgl.
l) zum heil. Augustinus . .	5	53	—	desgl.
m) ohne nähere Bezeichnung .	4	83	29	desgl.
n) von der heil. Magdalena .	1	21	10	desgl.
2) Schwestern der christlichen Liebe	15	133	13	Unterricht u. Erziehung.
3) Schwestern v. armen Kinde Jesu	23	480	11	desgl.
4) vom heil. Herzen Jesu . . .	2	39	36	desgl.
5) Schulschwestern	63	299	84	desgl.
6) Salesianerinnen	4	77	40	desgl.
7) Zu Unser lieben Frau . . .	31	235	—	desgl.
8) Recollectinnen	6	37	13	desgl.
9) Salvatorschwestern	1	15	—	desgl.
10) zur heiligen Catharina . .	19	137	17	desgl.
11) Cellitin zur heil. Gertrud . .	1	16	—	desgl.
12) Schwestern zum heil. Michael . (Französische Nonnen.)	1	15	12	desgl.
13) Englische Fräulein	2	17	15	desgl.
14) Verein zur sittlichen Hebung weiblicher Dienstboten . . .	1	11	—	Sittliche Hebung von Dienstboten.
in Summa .	690	4,497	867	
Hierzu die Summa III. . .	41	612	312	
" " II. .	32	267	65	
" " I. .	63	450	320	
Summa Summarum .	826	5,826	1,564	

Pro not. — „Von der Gesammtzahl der Stationen resp. Anstalten zu 826, sowie der Mitglieder der Orden und Genossenschaften zu
5826 sind:

a. der Aushülfe in der Seel-sorge	62 Stationen mit	399	Mitgl.
b. dem Landbau und der Be-trachtung	1 „ „	5	„
c. der Leitung von Diöcesan-anstalten	3. „ „	12	„
d. der Betrachtung . . .	9 „ „	128	„
e. der Krankenpflege, so wie der Erziehung und dem Un-terricht	744 „ „	5187	„
f. der Besserung gefallener Personen weibl. Geschlechts und	6 „ „	83	„
g. der sittlichen Hebung von Dienstboten	1 „ „	11	„

dienstbar.

Die Gesammtzahl der Katholiken im Preußischen Staat beträgt
circa 8,000,000 Seelen. Es kommt demnach eine Station auf 9678
Seelen und ein Mitglied auf 1373 Seelen, ein Ordenspriester (Gesammtzahl 431) auf 18,561 Seelen, und bei einer Gesammtzahl von
8820 Weltpriestern ein Ordensgeistlicher auf 20 Weltpriester.

Insbesondere wurde wiederholt hervorgehoben, daß die Genossenschaften eine wesentlich andere Verfassung haben als die eigentlichen Orden — daß die Genossenschaften nur die einfachen Gelübde leisten — daß
die praktische Thätigkeit dieses Personals in Uebereinstimmung mit dem
Erlaß von 1810 ganz vorzugsweise dem Unterricht und der Krankenpflege
gewidmet sei.

Bei dem Eintritt in die Specialdebatte gab sodann ein Mitglied
der Commission aus eigener Kenntniß noch folgende Erläuterungen:
Aus einer vieljährigen Beamtenstellung in Westpreußen sei ihm
bekannt, daß dort ursprünglich drei Franziskanerklöster, in Löwen, Lonk
und Neustadt bestanden haben. Das erste sei aufgehoben, die beiden anderen zur Aufhebung bestimmt gewesen. Da aber Lonk wie Neustadt sehr
besuchte Wallfahrtsorte gewesen und es an Geistlichen für die Seelsorge
in jener Gegend gefehlt habe, so habe man sie nicht aussterben lassen,
sondern geduldet, daß einzelne Mönche aus polnischen Klöstern nach ein-
geholter Aufenthaltserlaubniß das Klosterpersonal ergänzt haben. Seit jener Zeit sei das Kloster in Neustadt aufgehoben. Das in Lonk bestehe
noch, sei aber nur geduldet, und zwar seines Wissens ohne Corporationsrechte. — Das Betteln sei diesen Mönchen untersagt, welche übrigens
im Kreise sehr beliebt seien. — In Breslau bestehe ein Ursulinerkloster
für Erziehung junger Mädchen. Sodann ein Kloster der Elisabethinerinnen

und eines der barmherzigen Brüder, welche Außerordentliches in der Krankenpflege leisteten. Dasselbe gelte von dem Kloster der barmherzigen Brüder
in Neustadt. Kranke jeder Confession fänden hier Aufnahme und Pflege.
Allgemein anerkannt seien außerdem die Leistungen der barmherzigen Schwestern
und Brüder in dem holsteinischen und in dem österreichischen Kriege. Das
Klosterwesen gehöre zum katholischen Cultus und finde ja in der evangelischen Kirche ebenfalls Nachahmung. Verfassung und Vereinsrechte stehen
ihm zur Seite. Geheime Zwecke würden übrigens von diesen Klöstern und
Vereinen nicht verfolgt; ihre Oberen seien bekannt, ebenso wie die Ordensregeln, nach denen sie leben.

Von einer Anwendung des Strafgesetzbuchs auf diese Vereine könne
demnach nicht die Rede sein, da sie die Gesetze des Staates achten. Den
anerkennenswerthen Missionen der Jesuiten verdanke man die Abnahme
des Lasters der Trunkenheit in der polnischen Bevölkerung.

Die Aufregung gegen die Orden rühre nur aus der Veranlassung
eines unglaublichen Vorfalles in Krakau her.

Die Anstalt in Moabit gebe dazu ebenso wenig Veranlassung, so-
fern der dortige Dominikanermönch nur Religionsunterricht ertheile und
den Gottesdienst wahrnehme. Er beantrage aus diesen Gründen:

> den Uebergang zur Tagesordnung über sämmtliche Pe-
> titionen.

Andererseits wurden in der Commission Zweifel gegen die Erklärungen der Königlichen Staatsregierung sowohl in thatsächlicher wie in
rechtlicher Beziehung erhoben.

Wenn die Ertheilung von Concessionen für Unterrichts- und Erziehungsanstalten an Ordensbrüder allgemein in Abrede gestellt werde, so
gelte deren Vorhandensein in weiten Kreisen, namentlich in den westlichen Provinzen, für notorisch. Ein Rath des geistlichen Ministeriums selbst
gebe darüber folgende Auskunft:

> „Zur Zeit der Publication der Verfassungs-Urkunde be-
> standen in den östlichen Provinzen einzelne wenige Klöster,
> welche aus den zu verschiedenen Zeiten vollzogenen Säculari-
> sationen ihr Dasein gerettet hatten. Nachdem indessen die Ver-
> fassungs-Urkunde das Verhältniß der Kirche zu dem Staate
> auf eine andere Grundlage versetzt hatte, haben sich geist-
> liche Congregationen in großer Mannigfaltig-
> keit entwickelt. Insbesondere hat der Jesuitenorden sich
> seßhaft gemacht und seine verschiedenen Stationen, Residenzen,
> Profeßhäuser, Collegien, Scholasticate, Convicte, welche die ge-
> druckten Schematismen näher nachweisen, etablirt.
>
> Dieselben amtlichen Verzeichnisse lassen erkennen, daß die
> Väter, welche in der Ertheilung eines dem Gymna-
> sialunterrichte parallel laufenden Unterrichts,
> in der Leitung der der großen Societät in Rom affilirten

Marianischen Sodalitäten, in denen sie die verschiedenen Alters-
und Berufsgenossen zur besonderen Verehrung der heiligen Jungfrau und zu frommen Werken vereinigen, in der Abhaltung
der Volksmissionen, in den Exercitien, Conferenzen, im Beicht-
stuhl ꝛc. eine tiefgreifende Thätigkeit üben, bisher
noch überwiegend dem Auslande — Frankreich, der Schweiz,
Belgien — angehören." (Geheimer Ober-Regierungsrath Dr.
Richter in Dove's Zeitschrift für Kirchenrecht, 1861, Seite
121 u. 122.)

Der Commissarius des Herrn Ministers der geistlichen Angelegenheiten bemerkte dagegen, daß diese Mittheilung nicht als eine amtliche,
sondern nur als eine private zu betrachten sei, — was die Commission
ihrerseits anerkannte. Von einzelnen Mitgliedern der Commission aber wurde in Uebereinstimmung damit die Versicherung gegeben,
daß ihnen persönlich Erziehungs-, Unterrichts- und Krankenanstalten unter
Leitung geistlicher Ordensbrüder, und Ordensschwestern bekannt seien, resp.
daß solche in ihren Kreisen als notorisch vorhanden angesehen werden.

Die Anstalt in Moabit betreffend, wurde von einem Mitgliede
der Commission die Frage gestellt, wie es komme, daß diese für einen
Damenverein unter Vorsitz des Probstes zu St. Hedwig incorporirte Anstalt Franziskaner- und Dominikaner-Patres beschäftige, und ob nicht die
Staats-Regierung in Folge ihres Aufsichtsrechts sich Kenntniß von der
inneren Einrichtung und Ordnung dieser Anstalt verschafft habe.

Der Commissar des Ministers der geistlichen Angelegenheiten theilte
darauf den wesentlichen Inhalt des Vereinsstatuts mit. Es ergab sich daraus indessen nur der allgemeine Zweck der Anstalt zur Erziehung katholischer Waisenkinder, und daß dem Probste zu St. Hedwig die Befugniß beigelegt sei, sich einen Substituten zu bestellen. In welcher Weise
von dieser Befugniß Gebrauch gemacht worden, und wie die Verpflegung
der Waisenkinder geleitet werde, gehöre dem Gebiete der speciellen In-
structionen an, welche der Staats-Regierung nicht bekannt seien. Unterricht werde in der Anstalt jedenfalls nicht ertheilt, vielmehr besuchten die
Waisenkinder die öffentliche Schule zu Moabit. Die vorhandenen Fran-
ziskaner-Laienbrüder seien zur Beihülfe in der Verwaltung bestimmt, die
zwei Dominikaner zur Abhaltung des Gottesdienstes in Ermangelung eines
am Orte befindlichen Geistlichen.

Eine weitere Aufklärung über die thatsächlichen Verhältnisse wurde
durch die Debatte nicht erzielt.

Dem Wirken der Ordensbrüder und -Schwestern in Erziehungs-
und Krankenanstalten wurde einerseits die anerkennendste Beurtheilung zu
Theil. Von anderer Seite wurde diesen Urtheilen selbst rücksichtlich der
Krankenpflege widersprochen.

Der größere Theil der Discussion wandte sich den Streitfragen über
die rechtliche Stellung der geistlichen Gesellschaften zu, in welchen die Com-

6

mifsarien der Staats-Regierung bei einzelnen Mitgliedern der Commiffion Zustimmung, bei der Mehrzahl der Commiffion Widerspruch fanden.
Die erste Differenz betrifft die von der Staats-Regierung ausgesprochene Ansicht, daß durch die Verfassungs-Urkunde, Artikel
12, 13 u. 15, alle früheren beschränkenden Gesetze über
die Klöster und geistlichen Orden aufgehoben seien.
Es wurde in der Commiffion darauf Folgendes entgegnet:
Der allgemeine Satz:
bie römisch-katholische Kirche ordnet und verwaltet ihre
Angelegenheiten selbstständig und bleibt im Besitz und Genuß der für ihre Cultus-, Unterrichts- und Wohlthätigkeits-
Zwecke bestimmten Anstalten, Stiftungen und Fonds,
garantiere die katholische Kirche in Preußen mit ihren zur Zeit der
Publikation der Verfassung bestehenden Einrichtungen.
Es könne damit nicht gemeint sein eine Anerkennung aller in früheren
Jahrhunderten oder in anderen Ländern innerhalb der katholischen Kirche
vorkommenden Einrichtungen und Verbindungen, womit beispielsweise die
geistlichen Ritterorden ohne Weiteres in Kraft treten würden.
Es könne noch weniger gemeint sein eine Anerkennung der durch ausdrückliche Landesgesetze untersagten oder gemißbilligten Orden nach Maßgabe
des Edicts von 1810, nach der Französischen und Westphälischen Gesetzgebung. Die spätere Gesetzgebung habe darin nichts geändert. Die Bulle
de salute animarum, als das Hauptstatut der katholischen Kirche in
Preußen, beobachte über die geistlichen Orden ein völliges und absicht-
liches Stillschweigen. Die allgemeine Zusicherung der Vereinigung zu
„Religionsgesellschaften" im Artikel 12 der Verfassungs-Urkunde umfasse
nicht ohne Weiteres eine Garantie der besonderen Kloster- und Ordens-
bildungen; denn unmittelbar darauf im Artikel 13 würden diese „geistlichen Gesellschaften" von den „Religionsgesellschaften" geschieden. Auch
das Allgemeine Landrecht unterscheide in demselben Sinne die vom Staate
aufgenommenen Stifter, Klöster und Orden als „geistliche Gesellschaften" von den Religionsgesellschaften, als dem umfassenden Ausdruck
für die Kirchen und Religionsgesellschaften als Ganzes. (Allgem. Landrecht II. 11. §. 939. Cf. §§. 10 bis 12.) 4) Wenn bei den Verhandlungen über die Revision dieser Artikel der Verfassungs-Urkunde die einzelnen Redner über das Edict vom 30. October 1810 und über die gesetzliche Ordnung der geistlichen Gesellschaften überhaupt nicht gesprochen
haben, so folge aus diesem Schweigen nicht, daß mit jenen unzusammen-
hängenden allgemeinen Sätzen jedes über denselben Gegenstand ergangene
Specialgesetz beseitigt sei. Dies bedürfe vielmehr der Erörterung für jede
einzelne Frage, wie dies auch in den Entscheidungen unserer Gerichtshöfe
stets geschehen sei. Die Staats-Regierung selbst und das Obertribunal
habe bisher vorzugsweise jenen Grundsatz der Interpretation vertreten: erst
jetzt solle zu Gunsten der Klöster plötzlich ein anderer Grundsatz gelten.
Die zweite Differenz betrifft die Frage, ob und wie weit die
wenigen rechtlich bestehenden incorporirten Klöster nach Er-

laß der Verfassung noch den Beschränkungen des Allgemeinen Landrechts II. 11. §. 939 ff. unterliegen? Der Erlaß
des Oberpräsidenten der Provinz Westphalen vom 8. Mai 1853 (Bei-
träge zum Preußischen Kirchenrecht, Paderborn 1856, Heft 2, Seite 7
und 8) führt in dieser Beziehung aus, daß alle früher bestandenen Beschränkungen des Verkehrs, sowohl der katholischen Kirchenobern als der
Mitglieder der katholischen Kirche, mit auswärtigen kirchlichen Orden und
Errichtung von Klöstern nur den gesetzlichen Vorschriften über das Vereins-
wesen unterliegen. In anderen Verwaltungserlassen ist ausgesprochen worden, daß es der Staatsgenehmigung zum Eintritt eines Preußischen Unterthanen in ein Kloster nach den Bestimmungen der Verfassungs-Urkunde
nicht mehr bedürfe. — Allein es sei bisher durch Gerichtsentscheidung keineswegs festgestellt, ob und wie weit jener Verwaltungserlaß in den bestehenden Gesetzen begründet erscheine. In jeder andern Beziehung haben
Staatsregierung und Obertribunal bisher den Grundsatz festgehalten, daß
spezielle beschränkende Regeln durch ganz allgemein gehaltene Sätze
der Verfassungs-Urkunde nicht aufgehoben seien.

Die zum Schutz der persönlichen Freiheit, zur Regelung des bürgerlichen Status, zur Aufrechthaltung der Selbstständigkeit der katholischen
Kirche in Preußen und zur Wahrung des kirchlichen Friedens erlassenen Gesetze, A. L. R. 11. 11. §§. 939—1121. §§. 1057—1069.
§§. 1160—1209 unterliegen von diesem Gesichtspunkte aus offenbar
einer verschiedenen Beurtheilung: beispielsweise die gesetzlichen Beschränk-
tungen der Einwirkung auswärtiger Ordensoberen; die gesetzlichen
Beschränkungen der Klosterzucht; das Verbot der Aufnahme auswärtiger Mitglieder in inländische Klöster; das gesetzliche Erforderniß der
väterlichen und vormundschaftlichen Einwilligung zur Aufnahme in ein
Kloster; der Vorbehalt der Staatsgenehmigung zu jeder Aufnahme
eines Königlichen Unterthanen in ein Kloster; das Verbot der Ablegung eines Klostergelübdes vor zurückgelegtem 25., resp. 21. Jahre;
die gesetzlich nothwendige Zustimmung des Ehegatten zu dem Eintritt eines Verheiratheten in ein Kloster; das Verbot der Abkürzung
des Probejahrs; der Vorbehalt einer gerichtlichen Entscheidung über
die rechtliche Gültigkeit eines Klostergelübdes und die Rechtsfolgen
der Nichtigkeit; das Verbot Personen, wider ihren Willen im Kloster
zurück zu behalten; das Verbot die Ordensregeln ohne Vorwissen des Staates abzuändern; die gesetzliche Beschränkung
der Zuwendungen des Eingetretenen an das Kloster auf 4 Procent
der Vermögenssubstanz; das Widerrufsrecht für solche Zuwendungen;
die rechtliche Unfähigkeit der Mönche und Nonnen zum Erwerb und
Besitz von Eigenthum und anderen Rechten u. s. w. Wenn sich die Regierungscommissarien auf die Entscheidung des Obertribunals vom 27. October 1860 (Striethorst, Band 39. S. 231) berufen, so sprechen für
die Aufhebung jener Spezialbestimmungen in Bausch und Bogen die Urtheile des Obertribunals (Entscheid. XXIV. 301. XXVII. 375. XLIV.
194. Rhein. Archiv LVIII. 2. A. 1) sicherlich nicht.

6*

Der britte für die vorliegende Frage wichtigste Differenzpunkt liegt darin, daß nach Erlaß der Verfassungs-Urkunde die
Bildung und Wirksamkeit der geistlichen Orden lediglich nach der Verordnung vom 11. März 1850 über das Vereins- und Versammlungsrecht zu beurtheilen seien, daß namentlich die Beschränkungen des A. L. R. für die geistlichen Gesellschaften und Klöster
nicht mehr zur Anwendung kommen sollen, weil jene Vorschriften nur incorporirte Klöster voraussetzten.

Die allgemeine Garantie des Vereinsrechts, Art. 30 der Verfassungs-Urkunde, auf Jesuiten, Franziskaner, Dominikaner und andere über
den ganzen Erdkreis ausgebreitete geistliche Orden zu beziehen, enthalte
insofern eine petitio principii, als es sich vorher frage, ob jene Vereinigung bloße „Verbindungen von Preußen" seien, und ob ihre Zwecke nicht
besonderen Preußischen Strafgesetzen zuwiderlaufen. Als der eigentliche Differenzpunkt trat hier die Frage hervor:

> Werden die geistlichen Orden und Gesellschaften den in
> unserer Gesetzgebung enthaltenen Verboten und Beschränkungen
> dadurch enthoben, daß sie (unter Verzicht auf die Corpora-
> tionsrechte als Klöster) die von den Ordensbrüdern und
> Schwestern geleiteten Anstalten als Waisenhäuser, Erziehungs-
> anstalten oder andere Stiftungen incorporiren oder conces-
> sioniren lassen?

Die Königliche Staatsregierung bejaht diese Frage: da alle auf-
hebenden, verbietenden, beschränkenden Gesetze für die Klöster als incorporirte Anstalten ergangen seien, so folge, daß Ordensgeistliche,
wo sie nicht in incorporirten Klöstern, sondern in Vereinen, Congregationen,
oder als leitende Mitglieder von Stiftungen auftreten, ohne Weiteres das
freie Vereinigungsrecht zu beanspruchen haben.

In der Commission wurde darauf entgegnet, daß jene Aufhebungs-
und Verbotsgesetze allerdings von den Klöstern als incorporirten Anstalten sprechen, weil dies der vorgefundene rechtliche Zustand gewesen sei.
Die vorhandenen geistlichen Orden seien eben nur in Gestalt incorporir-
ter Klöster vom Staate anerkannt und einer gesetzlichen Ordnung unterworfen worden. Die Incorporation sei ein Theil ihrer anerkannten Verfassung gewesen, nicht aber seien ihre gesetzlichen Beschränkungen eine Folge
der Incorporation. Einzelne Vorschriften des Allgemeinen Landrechts seien
schon in ihrer Wortfassung so allgemein ausgedrückt, daß sie als allgemeine Vorschriften angesehen werden müßten, wie die Vorschrift, welche
auswärtigen Ordensoberen jede Gewalt, Direction oder Gerichtsbarkeit
ohne ausdrückliche Einwilligung des Staats untersagt; die Vorschrift,
daß Ordensregeln nicht ohne Vorwissen und Genehmigung des Staats
geändert werden sollen, und andere.

In noch weiterem Maße ergebe aber die Entstehungsgeschichte und
der Zweck der gesetzlichen Beschränkungen des Ordenswesens, daß nicht
die einzelnen klösterlichen Institutionen gemeint waren (die oft in ihren

Umgebungen als wahrhafte Wohlthätigkeitsanstalten anerkannt wurden), sondern die Centralisation der geistlichen Orden mit ihren im Auslande befindlichen Oberen und insbesondere die der evangelischen Kirche und dem evangelischen Landesherrn feindselige Tendenz der großen Ordensverbindungen der Jesuiten, Franziskaner, Dominikaner u. A., sowie ihre auf Umgestaltung des ganzen kirchlichen und nationalen Lebens gerichtete Organisation. Jene Gesetzgebung sei in erster Stelle von dem Gesichtspunkte der Sicherheit des Staats und der Aufrechthaltung des kirchlichen Friedens ausgegangen, welche nirgends dringender hervorgetreten sei, als in den zwiespältigen kirchlichen Verhältnissen Deutschlands und in dem paritätischen Staat Preußen. Die den Klöstern ertheilten Corporationsrechte erscheinen daher nicht blos als einseitige, verzichtbare Rechtswohlthaten, sondern zugleich als wichtige Garantien der Staatsgewalt gegen Ueberschreitungen der geistlichen Orden in das Gebiet des äußeren Lebens. Durch die Incorporation und Fixirung der einzelnen Glieder des Ordens sei die stetige Kenntnißnahme der Staatsgewalt von der äußeren Thätigkeit der geistlichen Gesellschaften gesichert, eine stetige Correspondenz zwischen den Staatsbehörden und bekannten inländischen geistlichen Obern erhalten und das Einschreiten gegen Mißbräuche im einzelnen Falle gesichert worden.

Aus einer Aufhebung der Corporationsrechte oder dem Verzicht auf dieselben folge daher noch nicht, daß die Ordensbrüder eine ungebundene Thätigkeit nach den Grundsätzen des freien Vereinsrechts unter Privaten zu beanspruchen haben. Eine solche werde ihnen nicht zu versagen sein, wo sie als Einzelne im Privatleben auftreten. Die Commission sei mit der Regierung der Ansicht, daß im Sinne der Verfassung liege, Vereine gewähren zu lassen, soweit sie nicht in das äußere Leben eingreifen. Wo sie dagegen in ihrer Eigenschaft als Ordensbrüder die Leitung von Waisenhäusern, Krankenhäusern, Erziehungsanstalten u. s. w. übernehmen, welche der Staat einer dauernden Aufsicht und Ueberwachung zu unterziehen verpflichtet sei, werde die Königliche Staats-Regierung sich der Erwägung nicht entziehen können, daß

1. die Vereine und Congregationen der Regulargeistlichkeit nicht Vereine von Privatpersonen, sondern eidlich verpflichtete Mitglieder organisirter Körperschaften sind, welche sich über das universale Gebiet der katholischen Kirche erstrecken und ihre Oberen im Auslande haben, deren Anweisungen zu befolgen sie sich eidlich verpflichten;

2. daß der verfassungsmäßige Zweck des Jesuitenordens und anderer Denominationen die Bekämpfung der evangelischen Kirche und des evangelischen Glaubens ist, und daß die geistlichen Gesellschaften eine Einwirkung auf das äußere Leben erstreben, welche die Gesetzgebung aller Zeiten genöthigt hat, verbietende oder beschränkende Maßregeln zu treffen;

3. daß demgemäß die geistlichen Gesellschaften nicht auf dem Boden der grundsätzlich e r l a u b t e n, sondern der grundsätzlich u n t e r s a g t e n Verbindungen stehen, und diesen Verbotsgesetzen nur dadurch enthoben werden, s o w e i t sie als anerkannte incorporirte Klöster nach der gesetzlichen Ordnung, Allgemeines Landrecht II. 11. §. 939 ff. bestehen;

4. daß die Grundlage als u n t e r s a g t e Vereine nach dem E d i c t vom 2 0. October 1798 noch zur Zeit der Publication der Verfassungs-Urkunde bestand, und daß derselbe Grundsatz der Hauptsache nach auch in das geltende Strafgesetzbuch §. 98 continuirt ist, in welchem

> „die Theilnahme an einer Verbindung, deren Dasein, Verfassung oder Zweck vor der Staatsregierung geheim gehalten werden soll, oder in welcher gegen unbekannte Obere u n b e d i n g t e r Gehorsam versprochen wird,"

verboten wird;

5. daß endlich die von der Staatsregierung ausgesprochene Maxime dem Resultat nach zu einer v ö l l i g u n g e b u n d e n e n s c h r a n k e n l o s e n W i r k s a m k e i t u n d A u s b r e i t u n g d e r g e i s t l i c h e n O r d e n i m P r e u ß i s c h e n S t a a t e führen würde, während doch die Gesetzgebung aller europäischen Staaten gewisse Beschränkungen der religiösen Orden für nothwendig erachtet hat, und im paritätischen Staate Preußen diese Beschränkungen von jeher eine besondere Bedeutung gehabt haben.

Die Mehrheit der Commission ist aus diesen Erwägungen der Ansicht, daß es die unveränderte Pflicht der Staatsregierung sei, die in den Gesetzen geordnete Beschränkung und Controle der incorporirten geistlichen Gesellschaften auch über diejenigen Congregationen und Vereine zu handhaben, welche sich aus demselben Personal bilden, ohne Corporationsrechte nachzusuchen.

Die Commission vermag auch nicht anzuerkennen, daß der Königlichen Staatsregierung die g e s e t z l i c h e n M i t t e l fehlen, um diese Obliegenheit zu erfüllen.

Diese gesetzlichen Mittel seien vielmehr gegeben in dem dreifachen Recht der S t r a f v e r f o l g u n g, der C o n c e s s i o n s e r t h e i l u n g und der permanenten A u f s i c h t über alle den Zwecken des Unterrichts, der Erziehung und der Krankenpflege bestimmten Einrichtungen.

Der Weg der S t r a f v e r f o l g u n g a u f G r u n d d e s §. 9 8 d e s S t r a f g e s e t z b u c h s werde zunächst dem pflichtgemäßen Ermessen der Staatsanwaltschaft anheimfallen, da es darauf ankomme, die gesetzlichen Merkmale einer „Verbindung" und die sonstigen Voraussetzungen im einzelnen Falle festzustellen. Wenn indessen die Königliche Staatsregierung in Abrede stelle, daß das gesetzliche Merkmal des „unbedingten

Gehorsams" bei den geistlichen Orden zu finden sei, so könne in dieser Beziehung auf bewährte Zeugnisse Bezug genommen werden, wie Dr. Bouix, Canonisches Recht der Regularen, deutsch bearbeitet von P. Rupert Mittermüller, Landshut 1861. S. 180—189. Wenn die Merkmale des §. 98 Strafgesetzbuchs auf gewisse religiöse Orden keine Anwendung finden sollten, so sei ein praktischer Sinn und eine Anwendung derselben überhaupt nicht zu denken.

Die Commission wolle gerichtlichen Urtheilen nicht vorgreifen, und noch weniger einer rigorosen Strafverfolgung das Wort reden, welche der in Preußen stets geübten Toleranz und besonderen Rücksicht für die katholische Kirche nicht entsprechen würde. Wenn aber in weitverbreiteten Blättern ein Geistlicher der katholischen Kirche (resp. der geistliche Rath eines Bischofs) das Dasein von Hunderten von Klöstern anzeige und das stetige Fortschreiten solcher Einrichtungen rühme — während die Königliche Staatsregierung ihre Unkenntniß von den angegebenen Verhältnissen behaupte —, so entstehe allerdings eine Vermuthung, daß es sich hier um Einrichtungen handle,

„deren Dasein, Verfassung oder Zweck vor der Staatsregierung geheim gehalten werden sollen (§. 98 Strafgesetzbuch),"

und die Königliche Staatsregierung könne sich da wohl veranlaßt sehen, die Staatsanwaltschaft auf derartige Angaben aufmerksam zu machen, um in einem geeigneten Fall eine Strafverfolgung zu veranlassen. Es werde dann durch die Entscheidung der Gerichte festgestellt werden, welche der gesetzlichen Vorschriften über die geistlichen Gesellschaften noch als fortbestehend zu erachten, und welche durch die Verfassungs-Urkunde als aufgehoben anzusehen seien. Es müsse überhaupt als eine Unzuträglichkeit bezeichnet werden, daß diese bedeutungsvolle Frage bisher nur nach der persönlichen Meinung der zeitigen Minister entschieden worden sei und daß die von den Verwaltungsbehörden dabei angenommenen Grundsätze nicht einmal in authentischer Form veröffentlicht würden.

Der zweite Weg der Einwirkung der Königlichen Staatsbehörden sei gegeben durch die Concessionsertheilung für Privatunterrichts-, Erziehungsanstalten, Waisenhäuser und analoge Anstalten, sowie für Kranken- und Siechenhäuser, nach Maßgabe der bestehenden Gesetze über das Unterrichtswesen, die Medizinalpolizei und durch die Deutsche Gewerbe-Ordnung, nebst den daneben fortdauernden Landesgesetzen über das Concessionswesen.

Der Commissarius des Ministers der geistlichen Angelegenheiten gab dabei die Erklärung ab, daß soviel dem Ministerium bekannt, in keiner öffentlichen und staatlich genehmigten Privatunterrichtsanstalt Mitglieder geistlicher Orden, als Jesuiten, Dominikaner ꝛc. zugelassen worden seien.

In der Commission wurde dagegen die Behauptung festgehalten, daß es sich thatsächlich anders verhalte. Behaupte die Königliche Staatsregierung selbst, daß die bestehenden Vereinsgesetze ihr keine genügende Controle gewähren, so sei dies freilich begründet; denn die Vereinsgesetze seien auf Verbindungen Preußischer Unterthanen gerichtet, deren Statuten, Zwecke, Mittel und Personal die überwachende Staatsgewalt zu übersehen im Stande sei. Dagegen sei alle Staatsaufsicht allerdings illusorisch gegen Verbindungen, deren Verzweigungen sich über die ganze christlich-katholische Welt ausdehnen, deren Mitglieder größtentheils dem Preußischen Unterthanenverband nicht angehören, deren Obere im Ausland ihren Sitz haben, von deren Ordensregeln, Statuten, Zwecken und Mitteln die Staatsgewalt Kenntniß zu nehmen nicht einmal mehr den Anspruch erhebe, nachdem jedes placet regium, jede Kenntnißnahme und Controle der Correspondenz mit dem geistlichen Oberen aufgegeben sei. Aus diesem Verhältniß folge aber mit Nothwendigkeit, daß die Staatsverwaltung für die Thätigkeit eines solchen Personals keinerlei Garantie zu übernehmen, daß sie die ihr obliegende Pflicht der Prüfung des Personals und der Zwecke bei Ertheilung der Concessionen zu erfüllen außer Stande sei: daß also Concessionen der Art an Mitglieder geistlicher Gesellschaften überhaupt nicht ertheilt werden sollten. Für die Ertheilung der Concessionen zum Unterricht und zur Erziehung der Jugend komme insbesondere in Betracht, daß es dem Minister des Unterrichts zur besonderen Pflicht gemacht sei, die allgemeinen Grundsätze des Preußischen Unterrichtswesens, der Parität und des Friedens der Confessionen zu überwachen. Daß aber in dieser Beziehung der Jesuitenorden, die Redemptoristen, Franziskaner, Dominikaner und andere Denominationen ganz andere Grundzwecke verfolgen, als das Preußische Unterrichtswesen, werde für keinen Verständigen eines Beweises bedürfen.

In verstärktem Maße gelten diese Gesichtspunkte, wenn es sich darum handele, Anstalten und Stiftungen unter solcher Leitung sogar Corporationsrechte zu ertheilen, deren Ertheilung auch dem eigentlichen Zwecke des Art. 13 der Verfassungs-Urkunde widerstreite.

Es könne endlich nicht anerkannt werden, daß der Staatsregierung die Mittel und Wege fehlten sollten, bei Ertheilung ihrer Concessionen die Eigenschaft des Concessionirten als Mitglied oder Affiliirten einer geistlichen Gesellschaft in Erfahrung zu bringen. Es stehe der Staatsverwaltung das Recht einer directen Frage zu, und die Praxis der Prüfungen der „persönlichen Zuverlässigkeit" bei Concessions-Ertheilungen beweise hinreichend, daß die Behörden sehr specielle Erkundigungen über die Eigenschaften der Person vorzunehmen wissen.

Der dritte Weg einer fortdauernden Einwirkung sei das staatliche Aufsichtsrecht, welches die bestehenden Gesetze über das Unterrichtswesen und die Medizinalpolizei der Staatsregierung über die Erziehungs-, Unterrichts-Anstalten, Waisenhäuser, Krankenanstalten ꝛc. gewähren. Dieselben Gründe, welche gegen die Ertheilung von Concessionen an Mitglieder geistlicher Gesellschaften sprechen, führen auch zu dem Schluß, daß die active Betheiligung, Leitung, verantwortliche Verwaltung von Ordensgliedern, deren Regeln, Statuten, Zwecke, Obere, Verbindung und Correspondenz mit auswärtigen Oberen die Staatsregierung nicht kennt, im Wege des Aufsichtsrechts nicht zuzulassen sei. Die Staatsregierung erscheine in der jetzigen Lage der Dinge außer Stande, eine Garantie für die fortdauernden Tendenzen solcher Institute zu übernehmen, insbesondere sei der Unterrichts-Minister außer Stande, die Grundsätze der Preußischen Unterrichtsverwaltung im Sinne der Parität und des confessionellen Friedens aufrecht zu erhalten, wenn die dauernde Leitung solcher Institute in den Händen eines Personals liege, dessen Wirksamkeit im Sinne des confessionellen Friedens durch die Geschichte sicherlich nicht bestätigt werde. Die Commission glaubt, aus diesem Verhältniß die Folgerung ziehen zu müssen, daß eine Leitung und verant-wortliche Verwaltung, besonders des Personals der Ordensbrüder, in An-stalten der Art nicht zuzulassen, und daß eine Unkenntniß dieser Verhältnisse nicht anzunehmen sei, nachdem in veröffentlichten Verzeichnissen solche wie-derholt zu ihrer Kenntniß gebracht worden. Es werde sich dabei sehr wohl die Grenze ziehen lassen, durch welche die vielseitig anerkannte Krankenpflege und Hülfeleistung, namentlich der Ordensschwestern, nicht ausgeschlossen werde.

Das Gesammtresultat dieser Erörterungen hat die Commission zu dem Urtheil geführt, daß die Anträge der Petenten allerdings zum Theil zu weit gehen.

Der Antrag ad I. und ad IV. auf ein allgemein, gesetzliches „Verbot der Klöster und Stifter auf ewige Zeiten" steht im Widerspruch mit dem im Jahre 1821 anerkannten Grundstatut der katholischen Kirche. Es erscheint auch neben den in den meisten Landestheilen bestehenden Gesetzen über Aufhebung und Beschränkung der klösterlichen Anstalten zur Zeit kein Bedürfniß zu weitergehenden absoluten Verbotsgesetzen. Der katholische Religionstheil würde in solchen leicht eine Beschränkung der verfassungsmäßig zugesicherten Freiheit erblicken, welche nach Lage der Staatsverhältnisse Preußens und des Norddeutschen Bundes nicht rathsam erachtet werden kann.

Die Anträge ad II. und IV. auf Rücktritt von dem Concordat mit Rom beziehungsweise auf Revision der Circumscriptions-Bulle beruhen theils auf Mißverständnissen, theils stehen solche mit der in der Ver-fassungsurkunde ausgesprochenen Garantie der Verfassung der römisch-katholischen Kirche nicht im Einklange.

Der Antrag ad V. auf Schließung des Moabiter Klosters beruht auf thatsächlichen Voraussetzungen, welche die Königliche Staatsregierung als unrichtig bezeichnet, und wird seinem Zwecke nach angemessener durch einen allgemeinen Antrag auf Nichtzulassung geistlicher Ordensglieder zur Leitung von Erziehungs-, Unterrichts- und Krankenanstalten erreicht werden.

Die Commission glaubt daher, den Uebergang zur Tagesordnung über jene Anträge empfehlen zu sollen.

Die Commission verkennt nicht, daß in manchen Richtungen eine gesetzliche Regelung der Gesammtverhältnisse der geistlichen Gesellschaften gleichmäßig für alle Provinzen wünschenswerth erscheint. Sie ist indessen der Ansicht, daß die Initiative dazu von einem unbefangenen Standpunkt der Königlichen Staatsregierung aus zu nehmen ist, daß es dazu eines sehr umfassenden Materials bedarf, und daß die Ausdehnung einer solchen Gesetzgebung auf das Gebiet das Norddeutschen Bundes sich als angemessen ergeben wird.

Dagegen wurde entsprechend dem Petitionsantrag ad III. der Antrag gestellt:

Das Haus der Abgeordneten wolle beschließen:

I. Die Königliche Staatsregierung aufzufordern, die beschränkenden Bestimmungen der Preußischen Landesgesetzgebung über die geistlichen Gesellschaften, insbesondere des Edicts vom 30. Oktober 1810 und der noch zu Recht bestehenden Vorschriften des Allgemeinen Landrechts, sowie der Zwischengesetzgebung in den westlichen Landestheilen, zur Ausführung zu bringen, und auch eine Umgehung dieser Beschränkungen in Form von Conzessionen und Incorporationen für Waisenhäuser, Erziehungs- und Unterrichtsanstalten, Krankenhäuser und andere Stiftungen nicht zuzulassen, insbesondere

1) Conzessionen und Corporrationsrechte für Anstalten der Art nicht an Personen zu ertheilen, welche geistlichen Gesellschaften zugehören,

2) im Wege des Aufsichtsrechts eine active Betheiligung von Mitgliedern geistlicher Gesellschaften an der Leitung und Verwaltung derartiger Anstalten nicht zu gestatten.

II. Ueber die weitergehenden Anträge der Petenten ad I., II., IV. V. VI. zur Tagesordnung überzugehen.

Bei der Schlußabstimmung wurde der Eingangs gestellte Antrag auf Uebergang zur Tagesordnung mit 16 gegen 4 Stimmen abgelehnt.

Dagegen wurde der obige, nach Absätzen zur Abstimmung gebrachte Antrag

I. Alinea 1. mit 16 Stimmen
„ 2. „ 11 „ } angenommen,
„ 3. 4. „ 12 „
II. ohne Widerspruch angenommen

und dem Hause der Abgeordneten zur Genehmigung vorgelegt.

Berlin, den 17. Dezember 1869.

Die Commission für Petitionen.

v. Saucken-Julienfelde (Vorsitzender). Dr. Gneist (Referent). Lent. Dr. Kostell. Carl Prinz zu Hohenlohe. v. Lattorff. v. Schöning. Dr. Steinhart. Wellmann. Rohlitz. Jung. Wehr. Lars. Laßwitz. Korsch. Kaeswurm. v. Wangenheim. v. Gerlach. Dr. Elßmann. Goedberg.

Anlage B.

Edict

wegen Verhütung und Bestrafung geheimer Verbindungen, welche der allgemeinen
Sicherheit nachtheilig werden könnten.

Vom 20. October 1778.

Wir Friedrich Wilhelm, von Gottes Gnaden, König von
Preußen u. ſ. w.

Thun kund und fügen hiermit zu wiſſen:

Die zahlreichen Beweiſe der Treue und Anhänglichkeit, welche Wir
von Unſern geliebten Unterthanen täglich erhalten, gereichen Unſerm landes-
väterlichen Herzen zur lebhaften Freude, und ſtärken Uns in Unſerm unab-
läſſigen Beſtreben, zum Wohl des Staats und Unſrer Unterthanen zu
wirken.

Die ſorgfältige Erhaltung dieſes ſo glücklichen, wohlthätigen, geſegne-
ten Zuſtandes iſt Unſer ſtetes Ziel.

Da nun in den gegenwärtigen Zeiten, außerhalb Unſerer Staaten
zahlreich, und in denſelben bisher nur einzeln zerſtreut und ohnmächtig, Verführer vorhanden ſind, welche, entweder ſelbſt verleitet, oder aus frevelhafter
Abſicht jenes glückſelige Verhältniß zu ſtören, zu untergraben, falſche, ver-
derbliche Grundſätze auszuſtreuen, fortzupflanzen und zu verbreiten, und auf
dieſe Weiſe die öffentliche Glückſeligkeit ihren eigennützigen verbrecheriſchen
Endzwecken aufzuopfern ſich bemühen, und welche zu dieſen Endzwecken jedes ihnen bequem ſcheinende Mittel, beſonders aber das Mittel der ſogenann-
ten geheimen Geſellſchaften und Verbindungen leicht verſuchen könnten, ſo
wollen Wir hiermit aus landesväterlicher Geſinnung und ehe noch das Uebel
entſtanden iſt, daſſelbe im erſten Keime angreifen und vertilgen, und hiermit
Unſere geliebten Unterthanen landesväterlich vor jenen Verführern warnen,
welche mit der Sprache der Tugend im Mund, das Laſter im Herzen führen, Glückſeligkeit verſprechen, und ſobald ſie können, unabſehliches Elend
über die Getäuſchten verbreiten.

Mit dieſer Warnung, welche gewiß bei jedem Rechtſchaffenen und
Wohlgeſinnten Eingang findet, verbinden Wir aus landesväterlicher Für-
ſorge für Unſere geliebten Unterthanen eine Ergänzung des Geſetzes über
dieſen Gegenſtand, und beſtimmen hiermit die ſtrengen aber gerechten Strafen derjenigen, welche auf dem Wege geheimer Verbindungen Verführer zum
Verderben Unſerer Unterthanen zu werden trachten.

§. 1. In Unserm Allgemeinen Landrechte haben Wir bereits verord=
net, daß die Mitglieder aller in Unsern Staaten bestehenden Gesellschaften
verpflichtet sind, sich über den Gegenstand und die Absicht ihrer Zusammen=
künfte gegen die Obrigkeit auf Erfordern auszuweisen und daß solche Gesellschaften und Verbindungen nicht gebuldet werden sollen, deren Zweck und
Geschäfte mit dem gemeinen Wohl nicht bestehen, oder der Ruhe, Sicherheit
und Ordnung nachtheilig werden können. Jetzt finden Wir nöthig genauer
zu bestimmen, welche Arten von Gesellschaften oder Verbindungen für uner-
laubt geachtet werden sollen.

§. 2. Wir erklären daher für unzulässig und verbieten hierdurch Gesellschaften und Verbindungen:

1. deren Zweck, Haupt= oder Nebengeschäft darin besteht, über gewünschte oder zu bewirkende Veränderungen in der Verfassung,
oder in der Verwaltung des Staates, oder über die Mittel, wie
solche Veränderungen bewirkt werden könnten, oder die zu diesem
Zweck zu ergreifenden Maaßregeln, Berathschlagungen, in welcher Absicht es sei, anzustellen;

2. worin unbekannten Obern, es sei eiblich oder an Eides statt
durch Handschlag, mündlich, schriftlich, oder wie es sei, Gehorsam
versprochen wird;

3. worin bekannten Obern auf irgend eine dieser Arten ein so unbedingter Gehorsam angelobt wird, daß man dabei nicht ausdrücklich alles dasjenige ausnimmt, was sich auf den Staat, auf
dessen Verfassung und Verwaltung, oder auf den vom Staat bestimmten Religionszustand bezieht, oder was für die guten Sitten nachtheilige Folgen haben könnte;

4. welche Verschwiegenheit in Ansehung der den Mitgliedern zu
offenbarenden Geheimnisse fordern, oder sich angeloben lassen;

5. welche eine geheim gehaltene Absicht haben oder vorgeben, oder
zur Erreichung einer namhaft gemachten Absicht sich geheim ge-
haltner Mittel, oder verborgner mystischer, hieroglyphischer Formen bedienen.

Wenn eines der Nr. 1. 2. 3 angegebenen Kennzeichen unerlaubter
Gesellschaften und Verbindungen stattfindet, können solche in Unsern gesammt-
ten Staaten nicht gebuldet werden. Ein gleiches soll auch in Ansehung der
Nr. 4 und 5 bezeichneten Gesellschaften und Verbindungen, jedoch mit der
im nächstfolgenden Paragraph gemachten Ausnahme stattfinden.

§. 3. Von den Freimaurer-Orden sind folgende drei Mutterlogen:

die Mutter-Loge zu den drei Weltkugeln;
die große Landes-Loge;
die Loge Royal York de l'Amitié

und die von ihnen gestifteten Töchterlogen tolerirt, und sollen die im vorstehenden §. Nr. 4 und 5 enthaltenen Verbote auf gedachte Logen nicht
angewendet werden, diese jedoch verpflichtet sein, die in den nachstehenden
§§. 9 bis 13 enthaltenen Vorschriften auf das genaueste zu befolgen.

§. 4. Dahingegen soll außer den im §. 3 benannten Logen jede andere Mutter- oder Tochter-Loge des Freimaurer-Ordens für verboten geachtet und unter keinerlei Vorwand gebildet werden.

§. 5. Ein jeder Versuch, verbotene Verbindungen und Gesellschaften zu stiften, soll, so wie die Theilnehmung an einer solchen bereits gestifteten Verbindung oder Gesellschaft, wie nicht minder deren Fortsetzung nach der Zeit des gegenwärtigen Verbotes für diejenigen, welche in einer öffentlichen Bedienung als Militär- oder Civilbeamte oder sonst in Unserm Dienste stehen, unausbleibliche Cassation bewirken. Außerdem sollen diejenigen, welche eine verbotene Gesellschaft stiften, oder deren Fortdauer nach dem jetzigen Verbot veranlassen, zehn Jahre Festungsarrest oder Zuchthausstrafe, die wirklichen Mitglieder und Theilnehmer aber sechs Jahre Festungsarrest oder Zuchthausstrafe verwirkt haben.

Sollte der Fall eintreten, daß die verbotene Gesellschaft einen landesverderblichen Zweck gehabt, oder Hochverrath und Majestätsverbrechen beabsichtigt, so muß gegen die Stifter, Fortsetzer, Mitglieder und Theilnehmer auf die im Landrecht auf Verbrechen dieser Art geordnete Strafe des Todes oder der lebenswierigen Einsperrung erkannt werden.

§. 6. Wer verbotene Gesellschaften in seinem Hause oder in seiner Wohnung wissentlich duldet, oder Aufträge von solchen Gesellschaften übernimmt, von welchen ihm bekannt ist, daß sie zu den unerlaubten gehören, wird mit vier Jahre Festungsarrest oder Zuchthausstrafe belegt, und wenn derselbe obengedachtermaßen in einem öffentlichen Amte steht, seines Amtes entsetzt.

Selbst diejenigen, welche in den oben erwähnten Fällen Veranlassung zu gegründetem Verdacht gehabt und dennoch der Obrigkeit davon nicht schuldige Anzeige gethan, haben verhältnißmäßige Strafe zu gewärtigen.

§. 7. Mit den solchergestalt bestimmten Strafen sollen jedoch diejenigen verschont werden, welche der obersten Polizeibehörde des Orts die verbotene Verbindung zu einer Zeit anzeigen, da diese Behörde von der Existenz derselben noch keine Kenntniß erlangt hatte, oder derselben zur Entdeckung der Mitschuldigen behülflich sind.

§. 8. Wenn Jemand die Theilnehmung an einer verbotenen Verbindung oder Gesellschaft angetragen wird, oder wenn Jemand von der Existenz einer solchen Verbindung oder Gesellschaft zuverlässige Kenntniß erhält, so soll derselbe bei ein- bis zweijähriger, auch dem Befinden nach bei noch härterer Festungs- oder Zuchthausstrafe verbunden sein, der obersten Polizei-Behörde des Ortes sonder Verzug mündlich oder schriftlich davon Anzeige zu thun.

§. 9. Den sämmtlichen Mitgliedern der nach §. 3 tolerirten Mutter- und Tochter-Logen wird insbesondere die schon allgemein feststehende unauflösliche Unterthanen-Pflicht von neuem eingeschärft, jeden Versuch, welchen ein Ordens-Mitglied, Ordens-Oberer, oder jeder Andere etwa machen möchte, diesem Edicte zuwider zu handeln, sofort der obersten Polizei-Behörde des Ortes anzuzeigen.

§. 10. Ferner müssen die Vorgesetzten der drei §. 3 genannten Mutter-Logen Unsrer Allerhöchsten Person jährlich das Verzeichniß der sämmtlichen von ihnen abhängigen, sowohl in den hiesigen Residenzien, als sonst
in Unsern gesammten Staaten gestifteten Tochter-Logen nebst der Liste
sämmtlicher Mitglieder, nach ihren Namen, Stand und Alter einreichen.
Im Unterlassungsfalle wird eine Geldbuße von 200 Reichsthalern verwirkt
und die Weigerung mit Verlust des Protectorii und der Duldung bestraft.

§. 11. Es soll auch gedachten tolerirten Freimaurer-Logen nicht gestattet werden, Jemand vor erfülltem 25. Jahre seines Alters zum Mitgliede aufzunehmen, und jede Loge, welche diesem zuwiderhandelt, hat im
ersten Uebertretungsfalle, außer der Verbindlichkeit zur Ausschließung des
gedachten Mitgliedes, eine Geldbuße von Einhundert Reichsthalern, im
ferneren Uebertretungsfalle oder Weigerungsfalle aber Verlust des Protectorii und der Duldung zu gewärtigen.

§. 12. Eine jede Loge ist verbunden, der Polizei-Behörde den Ort ihrer
Zusammenkunft anzuzeigen und darf bei Verlust der Duldung ihren Mitgliedern nicht gestatten, außer den angezeigten Orte Zusammenkünfte zu
halten, welche auf die Freimaurerei Beziehung haben.

Es können daher die Mitglieder des Ordens bei Zusammenkünften
außer dem obgedachtermaßen angezeigten Versammlungsorte sich auf die Be-
freiung von den §. 2. Nr. 4. 5 enthaltenen Verbote nicht berufen, sondern
haben vielmehr im Contraventionsfalle zu gewärtigen, daß wider sie nach
der Strenge des Gesetzes verfahren werden soll.

§. 13. Jede Mutter-Loge muß die Mitglieder, welche den vorstehenden Verordnungen zuwider handeln, sogleich ausstoßen und deren Namen
der obersten Polizei-Behörde anzeigen, auch gleichmäßig auf ihre Tochter-
Logen die schärfste Aufsicht haben, und sobald bei einer Tochter-Loge
dergleichen entdeckt würde, die derselben ertheilte Constitution zurück nehmen, auch wie solches geschehen sei, der obersten Polizei-Behörde anzeigen.
Wenn eine der drei Mutter-Logen überführt werden kann, daß ihre Vorgesetzten diese Anweisung nicht befolgt haben, soll sie mit Verlust des Protectorii und der Duldung bestraft werden. Auch wird es den drei Mutter-Logen zur Pflicht gemacht, wechselseitig dahin zu vigiliren, daß dieser Vorschrift auf das pünktlichste nachgelebt werde. Durch genaue Befolgung dieser
Vorschriften wird allen der Sicherheit des Staats und Unsern Unterthanen
nachtheiligen Folgen vorgebeugt und überall, wie bisher Ruhe und Ordnung
erhalten werden können. Wir befehlen daher, daß diese Unsere Verordnung
durch den Druck öffentlich bekannt gemacht und derselben von jedem Unsrer
Unterthauen, so wie auch von den in Unsern Landen sich aufhaltenden Fremden unverbrüchlich nachgelebt, auch darauf, daß solches geschehe, von Unsern sämmtlichen hohen und niedern Collegiis, Gerichten, Fiskälen und andern Officianten auf das strengste gehalten werde. Urkundlich unter Unsrer
Höchsteigenhändigen Unterschrift und beigedrucktem Königlichen Insiegel.

Gegeben Berlin, den 20. October 1798.

Friedrich Wilhelm.

Schulenburg. Golbeck. Haugwiz.

Anlage C.

Auszug

aus den Verhandlungen der ersten Kammer in der 48. Sitzung vom 2. October 1849, betreffend den von der Verfassungs-Commission vorgeschlagenen Zusatz zu Art. 11, jetzt 12 der Verfassungs-Urkunde.

Präsident: Nach den gefaßten Beschlüssen kommen wir nun zur Berathung des Zusatzes, welchen der Ausschuß zu Art. 11 vorgeschlagen hat. In den Kreis der Berathung werden dabei noch außer dem zu ziehen sein die Verbesserungsanträge, welche der Abgeordnete Wachler in der Druck=schrift 255, 2., der Abgeordnete von Ammon Druckschrift 258 und der Abgeordnete von Daniels in der Druckschrift 260, 4. gestellt haben. Ueber diese jetzt bezeichneten Gegenstände eröffne ich die Berathung und ersuche diejenigen, welche das Wort zu nehmen gedenken, sich in der vor=schriftsmäßigen Weise bei dem Herrn Schriftführer zu melden.

(Es melden sich mehrere Abgeordnete.)

Ich ertheile dem Abgeordneten von Ammon das Wort.

Abgeordneter v. Ammon: Meine Herren! das Associationsrecht ist frei, aber es ist ein großer Sprung von dem Associationsrecht zu dem Corporationsrecht. Das Corporationsrecht giebt den Associationen Bestand und sichert ihnen dauernde Wirksamkeit im Staate. Es giebt ihnen das Recht, Rechtssubject zu sein, Eigenthum zu erwerben und den Schutz des Eigenthums in Anspruch zu nehmen. Daher haben auch alle Gesetzgebungen es festgehalten, daß das Corporationsrecht und die Ertheilung desselben ge=wissen Förmlichkeiten unterworfen ist. Sehen wir auf unsern Staat und auf die Bedingungen, welche in dem größten Theil derselben gesetzlich feststehen, so sagt uns das Allgemeine Landrecht, Thl. II. Tit. 6. §. 25: „die Rechte der Corporationen und Gemeinden kommen nur solchen vom Staate ge=nehmigten Gesellschaften zu, die sich zu einem fortdauernden gemeinnützigen Zwecke verbunden haben." Es ist also vorausgesetzt, daß diese Gesellschaften vom Staate genehmigt sein müssen, und so ist denn immer das Corporations=recht durch eine ausdrückliche Verordnung ertheilt worden.

Es war die Ansicht des Central-Ausschusses, diejenigen Bedingungen gesetzlich feststellen zu lassen, unter welchen das Corporationsrecht überhaupt ertheilt werden könne. In dem Art. 29 war hierüber die nöthige Bestim=mung enthalten. Sie, meine Herren, haben diesen Artikel gestrichen, und so wird es daher für jetzt im Allgemeinen beim Alten bleiben müssen. — Der

Central-Ausschuß hat es indessen für nöthig gehalten bei benjenigen Religions-Gesellschaften, welche noch keine Corporationsrechte haben, vorzubehalten, daß diese solche nur durch ein Gesetz erlangen können. Die Gründe sind ihnen aus den Motiven des Central-Ausschusses bekannt. Es liegt im Interesse des Staates, Sektenbildungen nicht zu sehr zu begünstigen, neue auftauchende Sekten nicht für ebenbürtig mit anderen Religions-Gesellschaften zu erklären, welche seit Jahrhunderten im Staate bestanden haben und mit dem Staate innig verwachsen sind. Es liegt nicht in dem Interesse des Staates, solchen Sekten den Bestand zu verleihen, auf die Ungewißheit hin, ob sie eine nachhaltige Dauer versprechen. Es liegt nicht in dem Interesse des Staates, solchen Gesellschaften das Corporationsrecht zu verleihen, welche sich dem Staate feindlich gegenüber stellen, und welche den religiösen Gesichtspunkt eigentlich nur zum Deckmantel des politischen mißbrauchen, wie wir dies hier in Berlin von einem der Stimmführer einer solchen Sekte erfahren haben.

Wenn aber der Staat ein Interesse hat, die Corporationsrechte für die entstehenden Religions-Gesellschaften, wie hier vorgeschlagen ist, durch ein besonderes Gesetz zu bedingen, so hat der Staat ein gleiches Interesse bei den kirchlichen Congregationen, den geistlichen Gesellschaften; und hierauf bezieht sich mein Amendement. Fragen wir, was geistliche Gesellschaften sind, so sagt uns das Allgemeine Landrecht, Thl. 11. Tit. 11. §. 939 Folgendes:

„Unter geistlichen Gesellschaften, deren Mitglieder sich mit anderen Religionsübungen als der Seelsorge hauptsächlich beschäftigen, werden die vom Staate aufgenommenen Stifte, Klöster und Orden verstanden."

§. 940. „Diese haben unter dem Namen der Capitel und Convente mit anderen Corporationen im Staate gleiche Rechte."

Also auch hier ist wieder eine Aufnahme, eine Ertheilung von Corporationsrechten dem Staate durch die Gesetzgebung vorbehalten. Ich habe den Vorschlag gemacht, die Ertheilung dieser Rechte an geistliche Gesellschaften abhängig zu machen von speciellen Gesetzen. Diese geistlichen Gesellschaften äußern einen großen Einfluß auf den Staat.

Es ergiebt sich dieses schon aus den Rücksichten, welche an einer andern Stelle die Kammer bewogen haben, Beschränkungen der todten Hand zulässig zu erklären, die Anhäufung eines großen Grundeigenthums in der todten Hand zu erschweren, wozu Mittel jeder Art die Gelegenheit bieten können. Es liegt ferner am Tage, daß die geistlichen Gesellschaften einen bedeutenden Einfluß auf die Grundlage des Staats, auf die Familie, auf den Frieden der Familien und das Erbrecht haben, daß sie möglicherweise dem Staate nützliche Arbeitskräfte entziehen können, indem sie ihre Genossen lediglich einem beschaulichen Leben zuführen. Endlich hat es die Erfahrung gelehrt, daß auch auf die Politik solche geistliche Gesellschaften nicht ohne Einfluß gewesen sind. Der Einfluß ist namentlich bekannt, welchen einer der größten kirchlichen Orden im Staate zu erlangen bemüht gewesen ist, und wie solches die Folge gehabt hat, daß dieser Orden, wo er sich festsetzte vertrieben wurde. Nach der früheren Vertreibung dieses Ordens ist er in neuerer Zeit an verschiedenen Stellen aufgetaucht und immer wieder vertrieben worden. Nachdem sich der Jesuiten-Orden mit seinen affiliirten Congregationen in Frankreich wieder festgesetzt hatte, entstand schon unter der Restauration das Bedürfniß, seiner Meister zu werden. Schon damals wurden die sogenannten pères de la foi vertrieben. Später folgte die Vertreibung des ganzen Jesuitenordens, und noch in neuerer Zeit mußten in dem orthodoxen Toulouse die frères de la doctrine chrétienne dem Abscheu gegen ein von einem ihrer Genossen verübtes entsetzliches Verbrechen weichen, dessen auf alle Weise versuchte Verdeckung die Moral enthüllte, welche sich in der Mitte dieses Ordens geltend gemacht hatte.

Die Jesuiten sind aber nicht verschwunden; sie haben sich anderwärts festzusetzen gesucht und namentlich in England, wo sie 33 verschiedene Anstalten haben. Nach einer mir vorliegenden Notiz soll ihre Gesammtzahl in verschiedenen Ländern sich auf 7000 belaufen.

Den Einfluß, den sie in Frankreich erlangten, haben sie nicht, wie ich später zeigen werde, den Corporationsrechten zu verdanken, auch nicht das Vermögen, worüber sie zu disponiren hatten. In gleicher Weise haben auch in Belgien die Mönchsklöster sich nicht auf die Corporationsrechte gestützt, obwohl wir wissen, daß sie nach der letzten Revolution in zahlreicher Menge entstanden sind. Das Vermögen der verschiedenen Klöster ist nicht auf den Namen des Klosters geschrieben, wie es der Fall sein würde, wenn die Klöster Corporationsrechte hätten. Es steht vielmehr auf den Namen einzelner Mitglieder des Klosters, oder auf den Namen von Privatpersonen, welche das ihrer Pietät anvertraute Fideicommiß treu bewahren und es den Klöstern erhalten.

Wenn ein solcher Einfluß schon ohne Corporationsrechte stattfindet, wie viel mehr wird das der Fall sein, wenn ihm dieses Recht zur Seite steht.

Die sämmtlichen geistlichen Orden wurden in Frankreich im Jahre 1792 in der Revolution supprimirt. Seit dieser Zeit ist dort von einer Begründung und staatlichen Bekräftigung von Mönchsklöstern durchaus nicht die Rede gewesen.

Blos die Frauenklöster sind in gewisser Beziehung Gegenstand der Gesetzgebung gewesen. Bei diesen galt nun zuvörderst die gesetzliche Voraussetzung, daß das Gelübde nur auf fünf Jahre abgelegt werden konnte und über diese Dauer hinausgehende Gelübde nicht bindende Kraft hätten. In unserem Landrecht ist eine ähnliche Bestimmung, wonach das Gelübde zwar nicht an einen Zeitraum geknüpft ist, aber doch Niemand wider Willen in einem Kloster zurückgehalten werden darf und die Mitglieder der Klöster sind daher in Beziehung auf ihre persönliche Freiheit unter den Schutz des Gesetzes gestellt. Die Organisation der Frauenklöster, die in Frankreich einen sehr wohlthätigen Einfluß äußerten, unterlag den Bestimmungen des Gesetzes vom 24. Mai 1825. Man fragte

7

sich dabei, auf welche Weise die Reception dieser Klöster genehmigt werden sollte und es entstand ein Streit darüber, ob es durch Königliche
Ordonnanz zulässig sei, oder ob es eines Gesetzes bedürfe. Dieser Streit
war namentlich sehr lebhaft in der Pairs-Kammer und es wurde dort,
wenn ich nicht irre, von dem Kanzler Pasquier ausgeführt, daß durch
Königliche Ordonnanz gegen einen Mißbrauch nicht hinlänglich gesichert
werde, sondern es eines ausdrücklichen Gesetzes, wodurch die Reception
der Klöster bestimmt werde, bedürfe. Man traf daher die Bestimmung,
daß bei den bestehenden die Königliche Ordonnanz ausreichen solle, wo
hingegen bei allen neuen ein Gesetz erforderlich sei. Den Gründen, welche
nun hierfür gesprochen haben, in Berücksichtigung der Wichtigkeit, welche
die Ertheilung von Corporationsrechten hier für den Staat und die legislative Gewalt hat, schließe ich mich vollkommen an und möchte auf
der einen Seite das Odium von der Regierung nehmen, wenn sie in
die Lage versetzt werden sollte, dergleichen Corporationsrechte zu verweigern; auf der andern Seite aber durch Stellung der Frage unter die
Legislatur die gehörige Sicherheit haben, daß bei den Schwankungen,
welchen die Regierung möglicherweise unterworfen sein kann, nicht eine
Willkühr in die Ertheilung solcher Corporationsrechte hineingetragen werde.
Ist irgend ein Orden nützlich, so wird die Kammer auch gern ihre Einwilligung geben, und das wird insbesondere bei denjenigen der Fall sein,
die, sich zu wohlthätigen Zwecken bilden. Könnte die Aufnahme aber bedenklich werden, dann liegt es auch im Interesse der Legislatur, diese Aufnahme zu untersagen. Mit der Kirche haben meines Erachtens die Klöster
keinen integrirenden Zusammenhang; sie stehen mit derselben nur in ac-
cessorischer Verbindung. Die Kirche kann ohne Orden und Klöster bestehen. Mit dem Rechte der moralischen Person der Kirche im Ganzen
fallen sie auch nicht zusammen, und sehr gefährlich würde es sein, wenn
man das Recht der Reception der Congregationen aus dem Recht der to-
talen moralischen Person der Kirche deduciren wollte. Ich bin in dieser
Hinsicht aufmerksam gemacht worden durch eine Denkschrift, die vor einiger Zeit erschienen ist und die viel Aufsehen gemacht hat. Ich habe mich
gewundert, daß darin, als sich von selbst verstehend, das Recht der Congregationen, zu receptiren, lediglich aus dem Rechte der moralischen Person
der Kirche deducirt, also, wie mir scheint, das letztgedachte Recht von der
Totalität der Kirche auf die Congregationen übertragen werden soll. Es
ist indessen, wenn auch noch manches in dieser Denkschrift steht, worüber
man sich wundern muß, meine Stellung nicht, hier dagegen polemisirend
aufzutreten; ich muß nur noch hinzufügen, daß ich durch den Wortbe-
griff „geistliche Gesellschaften," worunter, wie ich in meinem Amendement gesagt, Stifte, Orden und Klöster gemeint werden, keineswegs in
die bisherige Verfassung in Betreff der Parochieen eingreifen will. Unter gewissen Gesichtspunkten können auch diese moralischen Personen
Corporationen genannt werden, indem sie immer ein von dem Interesse
des Ganzen getrenntes specielles Interesse haben und dafür Formen ge-

funden werden müſſen, unter denen dieſes Intereſſe verwaltet werden ſoll. Dieſe Formen gehören aber nicht hierher, weil mein Amendement ſich blos auf Orden, Klöſter und geiſtliche Stifte bezieht. Ich glaube vielmehr, daß es Betreffs der Parochieen, wenn nichts Anderes beliebt werden ſollte, bei den bisherigen Beſtimmungen verbleiben könnte, wonach auch dieſen, inſofern ſie neu zu ſtiften, Corporationsrechte ertheilt würden, nach Maßgabe des ſich dafür herausſtellenden Bedürfniſſes ſo wie ihres Verhältniſſes zu den ſchon beſtehenden alten Parochieen und nach Maßgabe der Hülfsmittel, welche der Staat zu den neuen Parochieen hinzuzugeben aufgefordert würde. Wenn ich nun in meinem Amendement geglaubt habe, daß es eines Geſetzes bedürfe, um den geiſtlichen Geſellſchaften die Rechte der Corporationen zu ertheilen, ſo weichen in dieſer Beziehung zwei Verbeſſerungs-Vorſchläge von dem meinigen ab, nämlich die der Abgeordneten von Daniels und Wachler. Dieſe wollen nur die geſetzlichen Bedingungen feſtgeſtellt wiſſen, unter denen Corporationsrechte ertheilt werden. Ich habe bereits angeführt, daß dies mir im vorliegenden Falle bei der großen Wichtigkeit der Inſtitute nicht zu genügen ſcheint; doch würde ich mich jedenfalls, wenn meinem Vorſchlage nicht Beifall gegeben würde, einem dieſer genannten Amendements anſchließen.

Meine Herren! Es iſt durchaus meine Abſicht nicht, das freie Aſſociationsrecht zu beſchränken; ich fühle mich frei von jeder Unduldſamkeit, und wenn früher bei einer andern Gelegenheit hier geäußert wurde, der Beſchränkung der todten Hand läge eine Ungunſt gegen Wohlthätigkeits-Anſtalten zu Grunde, ſo muß ich mich aufs feierlichſte dagegen verwahren. Ich erkläre hiermit, daß ich die höchſte Achtung hege vor den geiſtlichen Orden und Klöſtern, welche ſich namentlich der Krankenpflege widmen; denn ich ſelbſt habe in Frankreich während der Feldzüge und in der Rheinprovinz Gelegenheit gehabt zu erfahren, wie gerade in dieſen Klöſtern und Orden eine ſorgſame liebevolle Pflege der Kranken mit einer Gewiſſenhaftigkeit, Ordnung und Reinlichkeit gepaart ſind, deren nur das Gelübbe und die chriſtliche Liebe, nicht die weltliche Pflicht fähig iſt. Darum kann ich nur wünſchen, daß dieſe ſo nützliche und edle Zwecke verfolgenden Orden, ſowohl bie der katholiſchen, wie in der evangeliſchen Kirche — in welcher letzteren man neuerdings Aequivalente zu ſchaffen verſucht hat — möglichſt an Beſtand gewinnen und immer mehr erblühen mögen. Ich habe nur die Uebergriffe, welche von Seiten der Kirche in das Gebiet des Staats hierbei ſtattfinden könnten, abwehren wollen; ich habe nicht gegen die Kirche, ſondern gegen die Auswüchſe derſelben kämpfen wollen; ich will der Kirche was der Kirche, dem Geſetze was des Geſetzes iſt, geben.

Abg. Wachler: Außerdem habe ich mir die Freiheit genommen, Ihnen einen beſonderen Zuſatz zur Annahme zu unterbreiten. Derſelbe lautet:

> „die Bedingungen, unter welchen außerdem Corporationsrechte an religiöſe und geiſtliche Vereine, Stiftungen und Parochieen ertheilt werden können, beſtimmt das Geſetz."

7*

Nachdem die Unabhängigkeit der Religionsgesellschaften für alle ihre inneren Angelegenheiten anerkannt worden ist, hat jede **Religionsgesellschaft selbstredend die Befugniß, in ihrer Mitte Vereine zu bilden, Orden u. s. w. einzuführen, so viel wie sie will.** Das scheint mir ein Recht zu sein, welches mit der Anerkennung der Rechte des Art. 11 unmittelbar verbunden ist. Wir werden daher niemals verhindern können, daß jetzt irgend eine der im Staate aufgenommenen Kirchengesellschaften in ihrer Mitte besondere religiöse und geistliche Vereine, Orden, Stiftungen und dergleichen einführe, bulde oder empfehle. Der Unterschied zwischen sonst und jetzt wird nur darin bestehen: übertreten diese besonderen Vereine u. s. w. irgendwie die Grenzen, welche zwischen Staat und Kirche aufrecht erhalten werden müssen, thun sie irgendwie den bürgerlichen oder staatsbürgerlichen Pflichten Eintrag, dann hat die Staatsregierung die Verpflichtung und das Recht, sich einzumischen und unterdrückend einzuschreiten. Dieser Unterschied, den ich hervorgehoben, erfordert neben der Duldung, neben der freigegebenen Errichtung solcher Vereine den ausdrücklichen Vorbehalt des Staats, daß Corporationsrechte nicht durch die Kirche selbst ertheilt werden dürfen, daß vielmehr überall, wo Corporationsrechte erforderlich sind, sie vom Staate gegeben werden. Mein Amendement dürfte sich also von dem des Abgeordneten v. Ammon lediglich darin unterscheiden, daß dem Zwecke, den er durch besondere Gesetze für den einzelnen Fall erreichen will, durch mein Amendement im Allgemeinen vorgesehen werden soll, dergestalt, daß für den einzelnen Fall nicht durch die sämmtlichen Faktoren ein Gesetz berathen und ertheilt werden muß, sondern daß für die Fälle, wo eine Ertheilung von Corporationsrechten an die in Rede stehenden Vereine u. s. w. nothwendig ist, die Bedingungen durch ein allgemeines Gesetz feststehen und Corporationsrechte in den einzelnen Fällen durch die Verwaltungsbehörde nach Maßgabe des Gesetzes ertheilt werden dürfen.

Ich glaube, daß die Absicht, die der genannte Herr Amendementsteller in Bezug auf gewisse Orden erreichen will, auch nicht durch besondere Gesetze erreicht wird. Insbesondere wird es davon nicht abhängig sein, ob sich Jesuiten bei uns einnisten wollen oder nicht. Der Preußische Staat und die Intelligenz seiner Bewohner kann es ruhig darauf ankommen lassen, und den Versuch schon wagen, ob die Jesuiten bei uns einen ersprießlichen Boden finden. Treten sie auf, oder werden sie von ihren geistlichen Oberen bei uns eingeführt, so wird der Staat so lange nicht gegen sie einschreiten dürfen, als sie nicht gegen bürgerliche oder staatsbürgerliche Pflichten verstoßen. Dadurch aber, daß besondere Gesetze wegen der Corporationsrechte ergehen sollen, werden die Jesuiten von uns nicht fern gehalten; denn es hängt lediglich von ihnen oder ihren geistlichen Oberen ab, ob sie Corporationsrechte verlangen werden oder nicht.

Besondere Gesetze für jeden einzelnen Fall erachte ich aber auch für nachtheilig. Ich erachte sie nachtheilig für alle diejenigen, welche Corporationsrechte nachzusuchen haben und oft Jahre lang auf die Ertheilung

warten müssen. Wenn hingegen die Bedingungen, unter denen Corporationsrechte ertheilt werden können, durch ein allgemeines Gesetz geordnet
sind, so wird die Ertheilung der Corporationsrechte selbst so schleunig, wie
es in den meisten Fällen erforderlich ist, erfolgen können.

Es möchte meinem Amenbement entgegenstehen, daß bereits bei Berathung des Art. 29 ausgeführt worden ist, ein solches Gesetz und so
allgemeine Bedingungen ließen sich nicht aufstellen. Damals ist diese Angelegenheit jedoch meines Erachtens vorzugsweise von dem Standpunkte der
Verwaltung aus aufgefaßt worden. Für mich sind die aufgestellten Gründe
gegen den Art. 29 nicht überzeugend gewesen. Ich habe für den Art. 29
gestimmt. Wie wichtig jener Artikel und wie entscheidend derselbe für vielfache Verhältnisse des Staatslebens ist, hat sich hier recht deutlich heraus-
gestellt. Ich habe mich daher für gedrungen erachtet, bei den Religions-
Gesellschaften von Neuem darauf zurück zu kommen. Ich empfehle also mein
Amenbement zur Annahme. Der Parochieen habe ich beßwegen darin gedacht, weil insbesondere das rheinische Gesetzbuch für Parochieen keine ge-
nügenden Vorschriften enthält. Sonst habe ich nichts weiter hinzuzufügen.

Anlage D.

272. Circular-Verfügung

an sämmtliche Königl. Regierungen, die Verhältnisse der kirchlichen und religiösen
Vereine und Gesellschaften, sowie deren Versammlungen betreffend.

Vom 1. August 1850.

Der Schlußsatz des §. 2 des Gesetzes vom 11. März d. J. über
die Verhütung eines die gesetzliche Freiheit und Ordnung gefährdenden
Mißbrauchs des Versammlungs- und Vereinigungsrechts befreit von den
Vorschriften, welche in dem Paragraphen selbst und dem vorhergehenden
bezüglich aller Versammlungen, in denen öffentliche Angelegenheiten erörtert
oder berathen werden sollen, sowie aller Vereine, welche eine Einwirkung
auf öffentliche Angelegenheiten bezwecken, enthalten sind, kirchliche und religiöse Vereine und deren Versammlungen, wenn diese Vereine Corporationsrechte haben. So klar und unzweideutig diese Bestimmungen auch
zu sein scheinen, so sind doch über deren Anwendung mannigfache Bedenken
erhoben worden. In vielen Fällen, wo auf den Grund derselben von den

zuständigen Behörden gegen solche Religionsgesellschaften, welche keine Corporationsrechte besitzen, eingeschritten wurde, haben letztere deren Nichtanwendbarkeit im Wege der Beschwerde darzulegen sich bemüht, während andererseits der Umstand, daß an einigen Orten jene Paragraphen auf ähnliche Religionsgesellschaften noch nicht zur Anwendung gebracht wurden, zu der Vermuthung berechtigt, daß den betreffenden Behörden selbst deren Anwendbarkeit zweifelhaft erschienen sein müsse.

Zur Hebung dieser Zweifel und Herstellung eines gleichförmigen Verfahrens finde ich mich zu nachstehenden Bemerkungen veranlaßt.

Diejenigen, welche die Nichtanwendbarkeit der §§. 1 und 2 des Eingangs bezogenen Gesetzes auf Religionsgesellschaften der bezeichneten Art behaupten, pflegen in der Regel und vor Allem das ihrer Ansicht entgegengesetzte Verfahren unter Berufung auf den ersten Abschnitt des Art. 12 der Verfassungs-Urkunde vom 31. Januar c., welcher die Freiheit des religiösen Bekenntnisses, der Vereinigung zu Religionsgesellschaften und der gemeinsamen häuslichen und öffentlichen Religionsübung gewährleistet, als eine Verletzung der Verfassung zu bezeichnen. Allein abgesehen davon, daß der in der Verfassung enthaltene Grundsatz durch das im verfassungsmäßigen Wege erlassene Gesetz seine bestimmte Ausprägung und unzweifelhafte Begränzung erhält; abgesehen ferner davon, daß die §§. 1 und 2 a. a. O. das Recht sich zu versammeln und zu vereinen, in der That keineswegs beschränken, — ist jene auf den Art. 12 gestützte Argumentation auch um deßhalb unrichtig, weil dabei übersehen wird, daß in dem gedachten Artikel auf den Art. 30 der Verfassungs-Urkunde, der von dem Versammlungs- und Vereinsrechte im Allgemeinen handelt, ausdrücklich hinverwiesen wird.

Deutlicher aber, als durch diese Bezugnahme konnte die Verfassung es nicht aussprechen, daß die Ausübung des im Art. 12 gewährleisteten Rechtes in derselben Weise einer gesetzlichen Regelung unterworfen werden solle, wie dies der Art. 30 hinsichtlich des im Uebrigen nicht minder gewährleisteten Versammlungs- und Vereinsrechtes im Allgemeinen verfügt.

Man wird eine Auslegung und Anwendung des Gesetzes, welche auf die Verfassung selbst sich stützt, nicht verfassungswidrig nennen können.

Von andrer Seite wird für eine einschränkende Auslegung der gedachten Paragraphen geltend gemacht: „Religionsgesellschaften als solche seien überhaupt keine Vereine, die eine Einwirkung auf öffentliche Angelegenheiten bezweckten, könnten also auch in allen Fällen so lange nicht den betreffenden Gesetzstellen unterzogen werden, als sie sich auf ihren wirklichen Zweck beschränkten.

Die hier angeregte Frage, ob religiöse Angelegenheiten zu den öffentlichen zu zählen seien oder nicht, kann jedoch in den Kreis der vorliegenden Erörterung nicht mehr hineingezogen werden, weil sie von dem Gesetzgeber selbst bereits entschieden worden ist. Hätte derselbe nämlich Religionssachen als solche nicht schlechthin als öffentliche Angelegenheiten

betrachtet wiffen wollen, fo würde die am Schluffe des §. 2 des Gefeßes vom 11. März d. J. zu Gunften der mit Corporationsrechten verfehenen Religionsgefellfchaften getroffene Ausnahmebeftimmung fich als ge-
genftandslos darftellen.

Diefer unabweisbaren Erwägung fucht man fich gegenfeitig zwar
durch die Aufftellung zu entziehen, daß jene zu Gunften der mit Corporationsrechten verfehenen Religionsgefellfchaften beliebte Ausnahme fich
eben nicht auf deren religiöfe Zwecke und Verfammlungen beziehe, fondern
vielmehr für alle die Fälle gegeben fei, wo es folchen Religions-Gefell-
fchaften gefallen möchte, fich mit beliebigen anderen Fragen des öffentlichen Intereffes zu befaffen.

Die Unhaltbarkeit diefer Auffaffung, welche zugleich eine die Kirche
verleßende Unterftellung enthält, ergiebt fich zweifellos, wenn man auf
den Urfprung jener Schlußbeftimmung des §. 2 a. a. O. zurückgeht.
Die Verordnung vom 29. Juni 1849, welche dem Gefeße vom
11. März des Jahres zu Grunde liegt, enthielt den befchränkenden Zu-
faß, „wenn jene Vereine Corporationsrechte haben" nicht; derfelbe ift
vielmehr dem Gefeße erft auf den Vorfchlag der zweiten Kammer, welcher
jene Verordnung zur Prüfung überwiefen war, einverleibt worden.

Die Motive aber, womit diefe Commiffion ihren Vorfchlag der Kammer zur Annahme empfiehlt, lauten nach dem Commiffionsbericht d. d.
8. Februar c. wie folgt:
„Wenn endlich der leßte Saß des §. 2 die Beftimmung des §. 1
und 2 auf kirchliche und religiöfe Vereine und Verfammlungen nicht bezogen wiffen will, fo hat diefer Saß in feiner Allgemeinheit bei den mei-
ften Mitgliedern der Commiffion die lebhafteften Befürchtungen hervorgerufen. Man fagt fich, daß die katholifche und evangelifche Kirche von
den Befchränkungen des vorliegenden Gefeßes nicht betroffen werden dürften, daß auch da jede Ueberwachung fortfallen müffe, wo einem kirchlichen
oder religiöfen Verein Corporationsrechte ertheilt feien. Man hielt aber
alle Vereine diefer Art, bezüglich deren folches nicht der Fall ift, für wohl
geeignet, den Beftimmungen der §§. 1 und 2 unterworfen zu werden.
Der Einwand, daß dadurch der Verfaffungs-Urkunde entgegengetreten werde,
wurde von der Majorität der Commiffion durch die Verfaffungs-Urkunde
vom 31. Januar 1850 felbft für widerlegt erachtet. Es find nämlich
nach Art. 30 alle Verfammlungen und Vereine einer gefeßlichen Regelung, insbefondere zur Aufrechthaltung der öffentlichen Sicherheit, unterworfen. Dies bezieht fich nach Art. 12, in welchem auf Art. 30 und 31
ausdrücklich verwiefen wird, auch auf religiöfe und kirchliche Vereine. Sind
denfelben Corporationsrechte ertheilt, was nach Art. 31 nur durch Ge-
feß gefchehen kann, fo beftimmt leßteres den Umfang der Einwirkung der
Staatsbehörden auf dergleichen Vereine. Andernfalls müffen auch diefe
Vereine gleich allen anderen im §. 2 genannten Vereinen behandelt werden. Denn einestheils ift unzweifelhaft, daß religiöfe und kirchliche Vereine
fich mit öffentlichen Angelegenheiten befaffen, ja fogar eine Einwirkung

auf öffentliche Angelegenheiten in Anspruch nehmen. Andemtheils ist nicht zu verkennen, daß gerade in religiösen Vereinen viel gefährlicher Stoff vorhanden sein kann, daß die Stifter derselben gewöhnlich besonders befähigt sind, auf Geist und Gemüth einzuwirken, daß oft solche Vereine den kirchlichen oder religiösen Zweck nur zum Schein verfolgen, in der Wirklichkeit aber auf ein anderes Gebiet übergehen und auf ein ganz anderes Ziel hinarbeiten. Deßhalb glaubte die Commission der Staatsbehörde die Möglichkeit gewähren zu müssen, zu erfahren, welche Tendenz von den nicht corporativen kirchlichen und religiösen Vereinen verfolgt wird, und darüber zu wachen, daß auch in solchen Vereinen nichts geschehe, was dem Staatszwecke insonderheit der Erhaltung der öffentlichen Ordnung und Sicherheit entgegentritt. Die Commission schlägt deßhalb der Kammer vor, den letzten Satz des §. 2 nur auf diejenigen kirchlichen und religiösen Vereine zu beziehen, welche Corporationsrechte haben, und beantragt den §. 2 in folgender Fassung anzunehmen."

Nach diesen Erörterungen muß es als feststehend angenommen werden, daß alle Religionsgesellschaften, welche keine Corporationsrechte besitzen, den Bestimmungen des Gesetzes vom 11. März c., soweit dieses von Versammlungen und Vereinen, die sich mit öffentlichen Angelegenheiten beschäftigen, handelt, unbedingt unterworfen sind, und daß es, um die hierher gehörigen Paragraphen des gedachten Gesetzes auf sie zur Anwendung zu bringen, nicht erst einer Prüfung der Frage bedarf, ob jene Gesellschaften sich auf die Verfolgung religiöser Zwecke beschränken, oder ob sie, wie dies allerdings nur zu häufig der Fall ist, letztere nur als Deckmantel für die Bestrebungen anderer Art gebrauchen.

Die Königliche Regierung wird demnach veranlaßt, in den geeigneten Fällen nach Maßgabe des gegenwärtigen Erlasses zu verfahren und die betreffenden Behörden ihres Ressorts mit entsprechenden Anweisungen zu versehen.

Berlin, den 1. August 1850.

Der Minister des Innern
v. Manteuffel.

Anlage E.

Petition

der Bürgermeister und der Stadtverordneten zu Aachen gegen die beantragte
Beschränkung der geistlichen Genossenschaften.

Dem Hohen Hause der Abgeordneten wird von seiner
Petitions-Commission aus Anlaß einiger Petitionen aus Berlin und Elbing der Antrag vorgelegt, die Königliche Staatsregierung zur Ausführung der beschränkenden Bestimmungen der vor Einführung der Verfassungs-Urkunde bestandenen Preußischen Landesgesetzgebung über die geistlichen Gesellschaften aufzufordern.

Die Art, wie dieser Antrag provocirt und motivirt ist, die Zwecke,
welchen er dient, und die Folgen, welche er hervorrufen kann, erregen in
so hohem Grade bei den katholischen Angehörigen des Preußischen Staats
gerechten Unwillen und vielfache Besorgnisse, bedrohen aber zugleich auch
wichtige Interessen der hiesigen Gemeinde so bedeutend, daß die hiesige
Stadtverordneten-Versammlung in ihrer Sitzung vom 27. Dec. 1869
mit allen Stimmen gegen drei den Beschluß gefaßt hat,

das Hohe Abgeordnetenhaus, wie hierdurch geschieht, bringend
zu bitten, unter Ablehnung des fraglichen Commissionsantrags,
über die demselben zu Grunde liegenden Petitionen einfach zur
Tagesordnung überzugehen.

Als einziger Grund gegen diese Bitte wurde angeführt, daß die
Annahme des Commissionsantrages durch das Hohe Haus unmöglich zu
erwarten und deßhalb eine Petition um Ablehnung dieses Antrags un-
nöthig sei.

Dagegen wurde indessen geltend gemacht, daß bei diesem Anlasse in
den fraglichen Petitionen, bei den desfallsigen Commissions-Berathungen
und durch die Presse mit unwahren Prämissen so verläumderische Angriffe auf die katholische Religion und die mit ihr eng zusammenhängen-
den Anstalten, gleichviel, ob sie Klöster, oder geistliche Orden, oder Genossenschaften genannt werden, in Verbindung gebracht worden seien, daß
Katholiken solche Kundgebungen nicht unerörtert hinnehmen dürfen und
daß insbesondere Jeder, der jenen Unwahrheiten Zeugnisse der Wahrheit
entgegenzusetzen im Stande, hierzu auch verpflichtet ist.

In dieser Lage befinden sich unzweifelhaft die hiesigen Einwohner
und Behörden, namentlich die Stadtverordneten-Versammlung, weil hier

vorzugsweise und vielleicht mehr als sonst irgendwo geistliche Anstalten in den verschiedensten Richtungen und überall mit den segensreichsten Erfolgen ihre Wirksamkeit entwickeln, ohne nur im mindesten den confessionellen Frieden zu stören, oder irgend welche sonstige Mißstände zu verursachen. Specielle Thatsachen sollen dies näher darthun.

1. Schon seit dem 14. Jahrhunderte besorgen hier Alexianerbrüder, welche früher den Namen Celliten führten, in ihrem Kloster die Pflege männlicher Irren, sowie in und außerhalb der Stadt die Pflege männlicher Kranken in deren Wohnungen und alle Beerdigungen ohne Unterschied der Confession. Die ihrem Wirken allgemein gezollte Achtung hat in den Jahren 1864 und 1866 ehrenvolle Anerkennung auf den Schlachtfeldern gefunden. Außer verschiedenen Filialen in der Rheinprovinz besitzen sie auch eine in Chicago, wo ihnen ohne Bedenken unbeschränkte Corporationsrechte verliehen worden sind. Ueberzeugt von der Vortrefflichkeit ihrer Leistungen und aus ökonomischen Rücksichten haben ihnen die hiesigen Behörden in den letzten Jahren die Obsorge für den katholischen Kirchhof und die Pflege der armen männlichen Irren anvertraut,

2. Seit dem 15. Jahrhunderte streben die Christenserinnen hier, den Bürgern durch die Pflege weiblicher Kranken in deren Wohnungen wesentliche Dienste zu leisten. Die oft beklagte Unzulänglichkeit ihres Personals ist der sprechende Beweis der Anerkennung ihres Wirkens. Auch haben sie dieses in den Kriegen des Jahres 1866 ruhmvoll bewährt.

3. Die im Jahre 1622 mit der Krankenpflege im hiesigen städtischen Spitale betrauten Elisabetherinnen haben den im Laufe der Jahrhunderte bedeutend erhöheten Ansprüchen an ihre Berufsthätigkeit stets allseitig entsprochen und schon lange außer dem städtischen Spitale für acute Kranke auch dem Vincenzspitale für unheilbare Kranke ihre Dienste gewidmet und eine Filiale in Düren gegründet.

4. Seit dem Jahre 1838 entwickeln die Schwestern vom heiligen Carl Borromäus eine bewunderungswürdige Thätigkeit, sowohl im Josephinischen Institute für arme alte Männer und Frauen, wie auch im städtischen Waisenhause, wozu sie seit einigen Jahren ebenfalls die Pflege der armen weiblichen Irren im Annunziatenhause übernommen haben. Auch in den Feldzügen von 1864 und 1866 haben diese allbeliebten barmherzigen Schwestern als Engel der christlichen Liebe hülfreich gewaltet.

5. In Folge von Verhandlungen aus dem Jahre 1847 ist es gelungen, für die bis dahin nur mühsam erhaltene höhere städtische Töchterschule zum heiligen Leonhard die lang bewährte Erziehungs- und Unterrichts-Tüchtigkeit der Ursulinerinnen vom Kalvarienberge bei Ahrweiler zu gewinnen. Seitdem haben diese ausgezeichneten Klosterfrauen nicht nur in jener höhern Schule und dem damit verbundenen Pensionate allen gehegten Erwartungen entsprochen, sondern auch bereitwilligst, unter bedeutender baulicher Erweiterung der ihnen zur Benutzung überlassenen städtischen Gebäude, die Mädchen-Freischule der Michaelspfarre übernommen, eine Kleinkinder-Bewahrschule gegründet und sich an der Leitung einer

Präparanden-Anstalt für Lehrerinnen an Elementar- und höheren Töchterschulen betheiligt.

6. Fast gleichzeitig stifteten edle Töchter hiesiger Stadt die Genossenschaft der armen Schwestern des heiligen Franziskus, welche in allen Nöthen, vorzugsweise aber in Krankheitsfällen, den Armen in ihren Wohnungen mit unbegrenzter Opferwilligkeit dient, und deren umfangreichen Leistungen die allgemeinste Bewunderung und Anerkennung gezollt wird. Zahlreiche Filial-Anstalten nicht blos im Preußischen Staate, sondern auch in vielen anderen Ländern Europa's und in Nordamerika bestätigen diese Anerkennung, welche gleichfalls den wackeren Schwestern in den Jahren 1864 und 1866 auf den Kriegsschauplätzen reichlich zu Theil geworden ist.

7. Auch die sich dem Unterrichte armer Mädchen widmenden Schwestern vom armen Kinde Jesu sind von Töchtern hiesiger Stadt fast zur nämlichen Zeit gestiftet worden. Bereitwilligst haben sie gegen mäßige Entschädigung, zum großen Vortheile der Gemeinde, den Unterricht in den Mädchen-Freischulen sechs hiesiger Pfarren übernommen, worin 31 geistliche Schwestern nicht einfach als Nonnen, sondern als gesetzmäßig geprüfte und qualificirte Lehrerinnen thätig sind. Auch für diese Genossenschaft liegt der beste Beweis ihrer Tüchtigkeit in ihrer raschen Ausdehnung wie in hiesiger Stadt, so gleichfalls in vielen sonstigen Gemeinden der Rheinprovinz, in Schlesien und in anderen Ländern.

8. Seit 1848 hat das hiesige Institut vom guten Hirten die von ihm bezweckte Besserung gefallener Frauenzimmer den geistlichen Schwestern vom guten Hirten anvertraut, die vollkommen allen Erwartungen entsprechen.

9. Seitdem Jesuiten im Jahre 1851 hier eine große Mission gehalten haben, ist ihnen durch einen würdigen hiesigen Pfarrer die Niederlassung in hiesiger Stadt ermöglicht worden.

In dem ihnen durch den seligen Herrn Cardinal-Erzbischof v. Geißel angewiesenen seelsorglichen Wirkungskreise entwickeln sie, unter großem Beifalle der katholischen Bevölkerung, eine rastlose Thätigkeit, welche in Verbreitung religiöser Grundsätze und Hebung der Moralität reiche Früchte trägt, ohne je den mindesten Anlaß zu dem diesem und anderen Orden im Commissionsberichte (S. 26 und 27) gemachten Vorwurfe gegeben zu haben, daß sie Tendenzen verfolgen, welche „der evangelischen Kirche und dem evangelischen Landesherrn feindselig, sowie auf Umgestaltung des ganzen kirchlichen und nationalen Lebens" gerichtet sein sollen.

In einer langen Reihe von Jahren hat sich hier Derartiges nie gezeigt, wohl aber hat Aachen den geistlichen Orden die bei den zahlreichen Fabrikarbeitern immer tiefer wurzelnde Nüchternheit und deren auf christlichen Prinzipien beruhende ruhige, gesetzmäßige Haltung zu verdanken, worin das sicherste Schutz gegen Störung der Ordnung und revolutionäre Bestrebungen liegt. Ein Vergleich der jetzigen Haltung der hiesigen Arbeiter mit den Erlebnissen der Jahre 1830 und 1848 nöthigt zur Annahme eines Einflusses, der nur in den religiösen Verbrüderungen dieser Arbeiter liegen kann, unmöglich jedoch in den hier allerdings auch gemachten, aber jämmerlich gescheiterten Versuchen zur Verbreitung materialistischer, religionsfeindlicher Ideen.

Dasselbe gilt von der hier gleichfalls auf erzbischöflicher Anordnung beruhenden seelsorglichen Thätigkeit der Franziskaner und Redemptoristen.

10. Die neueste Schöpfung des Aachener Wohlthätigkeits- und Frommsinnes ist die hier erfolgte Gründung der Genossenschaft der Franziskanerbrüder, welche der städtischen Armenpflege durch die Erziehung verwahrloster armer Knaben wesentliche Erleichterung gewährt.

Alle vorerwähnten geistlichen Genossenschaften sind dem Herrn Erzbischofe von Cöln untergeordnet und wirken nur mit dessen Gutheißung. Ihre Leistungen für Unterrichtszwecke und Krankenpflege unterliegen außerdem stets der sorgfältigsten Ueberwachung durch die Königlichen Behörden, die schwerlich je Anlaß gefunden haben, der kränkenden Motivirung beizupflichten, welche der Commissionsbericht (S. 2) aus einer Berliner Volksversammlung anzuführen kein Bedenken getragen hat, daß nämlich „in den Mönchs- und Nonnenklöstern die Pflanzstätten des Aberglaubens, der Faulheit und der Unzucht" zu erkennen seien.

Wären solche schreckliche Wahrnehmungen von den Königlichen Behörden gemacht worden, so würden sie längst gegen die betreffenden' Genossenschaften eingeschritten sein und ihre Entfernung angeordnet haben. Kühn darf aber auf deren Erklärung rücksichtlich aller bestehenden Anführungen provocirt und die Ueberzeugung ausgesprochen werden, daß nur auf übereinstimmend günstigen Berichten aller Königlichen Behörden, in deren Bezirken katholische geistliche Genossenschaften wirken, die keinerlei Tadel oder Bedenken enthaltenden Erklärungen beruhen können, welche von den Commissarien der Königlichen Ministerien für geistliche, Unterrichts- und Medizinal-Angelegenheiten, sowie des Innern und der Justiz der Petitions-Commission in bestimmter Weise ertheilt, von dieser jedoch sowohl in thatsächlicher, wie in rechtlicher Beziehung bezweifelt (S. 22 des Berichts) und keiner Beachtung werth gehalten worden sind. Ebensowenig haben die von einem Commissions-Mitgliede selbst bekundeten Wahrnehmungen über das segensreiche Wirken katholischer Orden in Westpreußen Anerkennung gefunden (S. 21 des Berichts). Statt dessen sind die Anführungen in Berliner Volksversammlungen und in Petitionen gewichtvoll genug erachtet worden, um der Königlichen Staatsregierung unzulängliche Handhabung des staatlichen Aufsichtsrechts vorzuwerfen (S. 30 des Berichts) und sie zu veranlassen, aufgestellten Vermuthungen Folge zu geben und die Staatsanwaltschaft auf gewisse Angaben aufmerksam zu machen, damit sie geeigneten Falls Verfolgungen auf den Grund des §. 98 des Preußischen Strafgesetzbuches einleite (S. 28). Wenn die Petitions-Commission dies Gebiet betreten wollte, so hätte es wahrlich näher gelegen, für vorerwähnte schmachvolle Motivirung des Beschlusses der Berliner Volksversammlung die Anwendung des §. 135 des Strafgesetzbuchs zu beantragen, damit den Autoren dieser Schmähschrift eben so Recht widerfahre, wie verschiedenen Urhebern der groben Moabiter Excesse, welche als Basis der fraglichen Petitionen bezeichnet sind.

Diese Excesse knüpften sich, wie der Commissionsbericht im Eingange anführt, an die „Eröffnung eines angeblichen Dominikaner-klosters zu Moabit." Dies ist der erste Anlaß zum Preußischen Klosterstürme und die Petitions-Commission hält daran fest, obschon ihr dargethan ist (S. 9 und 23 des Berichts), daß ein in Berlin bestehender, gesetzlich etablirter Damenverein zur Erziehung katholischer Waisenkinder in Moabit ein katholisches Waisenhaus, nicht aber ein Kloster eingerichtet und zu dessen Verwaltung Franziskanerbrüder zugezogen, sowie daß der Probst zu St. Hedwig in Berlin als Vereinsvorsteher nur von der ihm zustehenden Befugniß, sich einen Substituten zu bestellen, Gebrauch gemacht hat, indem er zweien Dominikanern die Abhaltung des Gottesdienstes übertrug. Diese Dominikaner traten, wie die Commission als statthaft anerkennt (S. 26 des Berichts, in Moabit zur Zeit der dortigen Excesse ebenso als Einzelne im Privatleben auf, wie früher unangefochten in Berlin selbst, seitdem sie im Jahre 1866, gleich den Jesuiten und anderen katholischen Priestern, in heiliger Begeisterung und christlichem Seeleneifer auf den Schlachtfeldern für Gott, König und Vaterland ihr Leben als wahre Kriegshelden den größten Gefahren ausgesetzt hatten. Solche Männer waren die in Moabit verfolgten und die im Commissionsbericht mit Jesuiten und „andern Denominationen" unter grundlosen Verdächtigungen als staatsgefährlich gebrandmarkten Dominikaner.

Nach solcher Bewährung kann jetzt in Preußen ein Motiv für die Beseitigung der katholischen Orden nicht in der Anführung des Commissionsberichts (S. 5) gesucht werden, daß vor 60 Jahren, im Jahre 1810, eine „Abneigung gegen Bettelorden und Jesuiten" geherrscht und daß „jene Zeit in ihrer Weise die Franziskaner und Dominikaner als die „Freicorps" der päpstlichen Armee"" und die Jesuiten als „„Leibgarde"" bezeichnet" haben soll. Bei der Preußischen Armee haben sich wahrlich die katholischen Orden und Soldaten in der Treue und Opferwilligkeit nicht weniger ausgezeichnet, als die übrigen Truppen.

Die in Moabit mit den Dominikanern gleichmäßig behandelten Franziskaner waren nicht die gefürchteten Mönche mit braunen Kutten, nicht die überall, wo man sie kennt, sehr beliebten, wahrhaft volksthümlichen, armen Franziskaner-Patres, sondern vielmehr die hier in Aachen gestifteten Franziskaner-Brüder (oben unter 10), die Alles, was sie haben, das heißt ihre Armuth und ihre Liebe mit armen Waisenknaben theilen und zu der Hoffnung berechtigen, daß sie eine nothwendige Ergänzung der in den katholischen Orden liegenden kräftigen Schutzmittel gegen den wuchernden Pauperismus, sowie gegen den Rationalismus und die drohende politische und sociale Revolution bilden werden.

Daß gegen die Förderung solcher Bestrebungen und gegen die Verbreitung der sie unterstützenden geistlichen Genossenschaften, weil sie der

modernen Aufklärung widerstreiten, deren Vorkämpfer alle Vernichtungs-
mittel anwenden, kann nicht befremden. Man glaube aber nicht, daß ihre
Angriffe blos gegen kath. Klöster gerichtet sind. Die erste Berliner Petition
(S. 1 des Berichts) verlangt für ewige Zeiten Aufhebung sämmtlicher Klöster, Dom- und anderer Stifte, sie mögen zur katholischen oder protestantischen Kirche gehören. Die zweite Petition (S. 2) erklärt es sogar als „Ehrenpflicht jedes denkenden
Menschen," hierfür „in die Schranken zu treten." Von der Preuß.
Volksvertretung erwarten deßhalb die Petenten, daß dieselben im „angegebenen Sinne ihre Schuldigkeit thun wird." Wissend, daß die ange-
fochtenen Anstalten zur katholischen und evangelischen Kirche
gehören und daß also diesen Kirchen durch den Art. 15 der Preuß.
Staatsverfassung deren Besitz und Genuß, wie ihre selbstständige Ordnung und Verwaltung gewährleistet ist, verlangen die Petenten doch beren Aufhebung, weil dadurch jenen Kirchen und mit ihnen dem positi-
ven Christenthum nicht minder wichtige Lebensadern abgeschnitten würden,
wie durch die anderweitig angestrebte Confessionslosigkeit des öffentlichen
Unterrichts, Trennung der Schule von der Kirche, Beseitigung des kirchlichen Charakters der Ehe u. dgl.

Deßhalb wird kein Bedenken getragen, in die reich assortirte Rüst-
kammer der französischen Revolution zurück zu greifen, die nicht blos den
Sturz und die Beraubung der Kirche und ihrer Anstalten erreicht, sondern in consequenter Durchführung zur Herrschaft der Guillotine und zum
Königsmorde geführt, ja sogar gesetzlich festgestellt hat, es gebe keinen
Gott! Vorläufig sollen die damaligen Waffen gegen die Klöster angewendet
werden. Die Petitions-Commission weist (S. 31 des Berichts) hierauf
für die westlichen Landestheile eben so hin, wie für die anderen auf das
allgemeine Preuß. Landrecht und insbesondere auf die Edicte vom 20. October 1798 und 30. October 1810. Letzteres erklärte alle Klöster u. s. w.
als Staatsgüter und erwog (S. 4. des Berichts), „daß nur dadurch die
pünktliche Abzahlung der Contribution an Frankreich möglich werde."

Damals wurde also in Preußen, wie früher in Frankreich, bei den
zu suprimirenden geistlichen Anstalten Geld und viel Geld gesucht. Solches ist aber jetzt bei den in ihrer Existenz bedrohten Genossenschaften
nicht zu finden. Durchgängig haben sie nichts, höchstens Obdach und Kirche,
weil sie mit Allem, was sie sonst erhalten, die menschliche Noth in ihren
verschiedenen Gestaltungen zu lindern verpflichtet sind. Daher ist gegenwärtig die Tendenz der eingeleiteten Verfolgung weniger auf Gelderwerb,
als vielmehr auf Vernichtung des religiösen Lebens gerichtet. Deßhalb
sollen die widerstreitenden Verfassungs-Bestimmungen aufgehoben, oder
doch für diesen speciellen Zweck unanwendbar erklärt werden.

Nachdem früher der Preußischen Landesvertretung rücksichtlich der
Juden nachgewiesen und von ihr anerkannt worden ist, daß neben den
verfassungsmäßigen Freiheiten ältere Rechtsbeschränkungen nicht mehr bestehen können, soll jetzt rücksichtlich der Christen das Gegentheil angenom-

men werden. Der Commissionsbericht (S. 25) sucht diesen Systemwechsel, unter Anführung verschiedener Erkenntnisse des Königlichen Obertribunals, mit dem Bemerken zu rechtfertigen, daß dieselben für die Aufhebung der die Kirche beschränkenden Specialbestimmungen, „in Bausch
und Bogen" nicht sprechen. Der hierbei angeführte Fall der rheinischen Rechtspflege betrifft indessen, wie im rheinischen Archiv LVIII. 2.
A 11 ausdrücklich bemerkt ist, nicht Angelegenheiten der katholischen Kirche,
sondern Angelegenheiten einer rheinischen katholischen Kirchenfabrik,
welche das Königliche Obertribunal nicht blos als kirchliches, sondern zugleich als communales Institut und in dieser letzten Beziehung noch
den älteren Beschränkungen unterworfen betrachtet, wie ausdrücklich in den
späteren Erkenntnissen ausgeführt ist, welche das rheinische Archiv LIX.
2. A 82. LX. 2. A 50. LXI. 2. A 58 mittheilt. Diese Entscheidungen
sind daher für die jetzige Frage durchaus unerheblich. Schon allein die
durch den für die Juden entscheidend erachteten 4. Artikel der Verfassung
unbeschränkt festgestellte Gleichheit vor dem Gesetze beseitigt für
die Preußischen Angehörigen geistlicher Genossenschaften die alten Ausnahme-Bestimmungen. Für sie gehört außerdem die freie Wahl ihrer Lebensweise und ihres Aufenthalts zu den durch die Art. 5. 6. 9 und 13
der Verfassung gewährleisteten Grundrechten der persönlichen Freiheit, der
Unverletzlichkeit des Eigenthums und der Wohnungen, sowie der Vereinigung in Gesellschaften zu solchen Zwecken, welche den Strafgesetzen nicht
zuwider laufen. Hierzu kommt nach dem Art. 12 der Verfassung die Gewährleistung der Freiheit des religiösen Bekenntnisses und insbesondere der
Vereinigung zu Religions-Gesellschaften und der gemeinsamen häuslichen
und öffentlichen Religionsübung. Wenn aber demnächst der Art. 13 bestimmt, daß die Religions-Gesellschaften, sowie die geistlichen Gesellschaften, welche keine Corporationsrechte haben, diese Rechte nur durch besondere
Gesetze erlangen können: so wird hierdurch ganz unzweifelhaft anerkannt,
daß auch Religions- und geistliche Gesellschaften bestehen können, welche
keine Corporationsrechte haben. Für solche Gesellschaften ist daher in den
Art. 12 und 13 der Verfassung ausdrücklich speciell zugestanden, was im
Allgemeinen schon aus dem Art. 30 folgt. Die in Ausführung dieses Artikels erlassene Verordnung über das Vereinigungsrecht vom 11. März
1850 bestätigt im §. 2 vorstehende Folgerung aus dem Art. 13 der
Verfassung, indem auch dieser §. 2 kirchliche und religiöse Vereine, welche Corporationsrechte haben, von solchen unterscheidet, welche
diese Rechte nicht haben; in der Art nämlich, daß kirchliche und religiöse
Vereine der letzten Art, wenn sie eine Einwirkung auf öffentliche Angelegenheiten bezwecken, gleich allen anderen, dies bezweckenden Vereinen, polizeilicher Controle unterliegen.

Zu diesen allgemeinen Gesichtspunkten tritt die im 15. Artikel der
Verfassung den anerkannten Kirchen eingeräumte Selbstständigkeit in Ordnung und Verwaltung ihrer Angelegenheiten nebst Gewährleistung des
Besitzes und Genusses der Anstalten, Stiftungen und Fonds, welche für

ihre Cultus-, Unterrichts- und Wohlthätigkeits-Zwecke bestimmt sind. Diese Bestimmung allein muß mit Rücksicht darauf, daß katholische religiöse Orden und Genossenschaften Anstalten der katholischen Kirche sind, alle Angriffe und Bedenken gegen ihren Fortbestand aus dem Wege räumen. Aber auch noch auf die Art. 16 und 18 der Verfassung ist Bezug zu nehmen, welche jede Behinderung des Verkehrs der Religions-Gesellschaften mit ihren Oberen, wie auch jede staatliche Einwirkung auf Besetzung kirchlicher Stellen, abgesehen vom Patronate oder besonderen Rechtstiteln, aufheben.

Die in Preußen bestehenden religiösen Genossenschaften wirken nämlich sämmtlich nur in Folge Berufung und Zulassung durch die Diözesanbischöfe und nach deren Anordnungen in den ihnen von denselben angewiesenen Kreisen.

Der Commissionsbericht gibt dies allerdings ebenso wenig zu, wie auch den unzertrennbaren Zusammenhang der Orden mit der Kirche; denn er greift auf die organischen Artikel zum französischen Concordate vom 15. Juli 1801 zurück und führt nach Portalis an (S. 8): „Die religiösen Orden seien dem gouvernement fondamental de l'église fremde Institutionen, denen gegenüber vielmehr der religiöse Unterricht und die Predigt des Christenthums und die Pfarrer zu beschützen seien, welche des Tages Last und Hitze zu ertragen haben, dagegen die Ordensgeistlichkeit für die wahre Wirksamkeit der Kirche nur verderblich gewesen."

Wäre es zu billigen, Preußische Zustände nach französischen Mustern zu beurtheilen: so dürfte das jetzige Ordensleben in Frankreich ganz andere Vergleichungspunkte darbieten. Doch wie ist es zu rechtfertigen, so weit zurück im sonst so vielfach angefeindeten Auslande Aufklärung zu suchen, die im eigenen Lande und in der Gegenwart nahe liegt? Passender als Portalis und Alles, was damit in Verbindung gebracht ist, sowie gewichtvoller als alle doctrinäre Autoritäten sind unzweifelhaft die Stimmen des Preußischen Episcopates aus neuester Zeit, und unter diesen verdienen vorzugsweise als vollgültiges, weder in rechtlicher, noch in thatsächlicher Hinsicht anfechtbares, vielmehr als unbedingt entscheidendes Zeugniß die herrlichen Worte allseitige Anerkennung, welche der in allen Kreisen hoch verehrte, hochselige Herr Cardinal und Erzbischof Johannes v. Geißel in Cöln in seinem Hirtenbriefe vom 6. Januar 1864 bezüglich der geistlichen Genossenschaften an seine Erzdiözesanen gerichtet hat. Dieselben lauten:

„An der Seite Eurer Hirten und Seelsorger stehen die Männer der religiösen Genossenschaften. Auch sie sind mit Jenen thätig am Baue der Kirche durch die Verkündigung des Glaubens. Von der Kirche betraut, kommen sie auf den Wunsch Eurer Pfarrer in Eure Mitte, in besonderen Missionen Euch die großen Wahrheiten des Heils in geist- und gemüthvollen Vorträgen eindringlich an's Herz zu legen. So wirken sie schon seit mehreren Jahren in unserer Erzdiözese. Und wer vermöchte alle Jene aufzuzählen, welche sie aus tiefer Unwissenheit zur Erkenntniß geführt und aus der sittlichen Verirrung zu einem christlichen Leben erhoben haben? Auf ihrem Wirken ruht sichtbar Gottes Segen. Aber darum trifft sie auch der Haß der Bauleute von Babel. Zu Babel beschuldigt man sie der Hab- und Herrschsucht und des Ehrgeizes, und dort läuft es von Mund zu Mund: sie sind die Störer des Friedens in den Familien und zwischen den Confessionen, sie verfolgen hochfliegende Plane. Aber so seht sie doch in ihrem Thun. Sie sind habsüchtig. Aber so sucht sie doch auf in ihrem einfachen Hause, wo sie sich mit bescheidener Kleidung und nothdürftiger, fast ärmlicher Nahrung begnügen. Sie sind herrschsüchtig und ehrgeizig. Aber so seht sie doch, wie sie still und in Demuth in enger Zelle zurückgezogen, nur der Seelsorge, der Wissenschaft und dem Gebete sich widmend, zusammenleben, bis der Ruf der Kirche zur Verkündigung des Wortes Gottes an sie ergeht, dem sie dann in Hingebung und Gehorsam folgen. Sie stören den Frieden und hegen hochfliegende Plane. Aber wo hätten sie unter uns den Frieden in den Familien, zwischen den Confessionen und dem Staate gestört? Wo, wann und wie sind ihre hochfliegende Plane bei uns zu Tag gekommen? Bei solchen Fragen müssen die Leute von Babel verstummen. Doch ja, sie stören in der That den Frieden, sie hegen in Wirklichkeit hochfliegende Plane. Sie stören den Frieden, den faulen Frieden, den Frieden des sittlichen Todes. Als echte Streiter Gottes ziehen sie gesendet hinaus in den Kampf gegen die Unwissenheit, den Unglauben, die Unsittlichkeit, die Lauheit gegen Gott und Religion, und ihr Wort durchschneidet wie ein scharf treffendes Schwert Mark und Bein. Sie wollen die Wahrheit lehren, die Lüge beschämen, das Laster bekämpfen, an die Ewigkeit mahnen. Und durch Alles dieses wollen sie Seelen retten. Seelen retten — das ist in Wahrheit ein Plan, den nur ein hoher geistiger Flug zu erreichen vermag. Ich danke Gott, der unserer Erzbiöcese solche Verkündiger seines Glaubens zu berufen gegönnt hat, und ich segne sie und ihre Wirksamkeit von Herzen.

Mit dem Glauben und seiner also gesteigerten lebendigen Förderung hat auch die Liebe und ihre Thätigkeit in allen Werken der leiblichen und geistlichen Barmherzigkeit in unserer Erzbiöcese gleichen Schritt gehalten. Auch dafür könnte ich als redende Zeugen die zahlreichen Vereine von Männern und Frauen anführen, welche sich zur Förderung des Glaubens, der Sittlichkeit und der werkthätigen Liebe freiwillig zusammengethan haben. Ich will jedoch Euern Blick nur auf jene Genossenschaften richten, welche die Ausübung der christlichen Barmherzigkeit zur Lebensaufgabe sich gewählt, und welche in zahlreichen Häusern in den Städten und Dörfern unserer Erzbiöcese für diesen Zweck thätig sind. Sehet hin auf diese Gott und seinem Dienste geweihten Jungfrauen! In der Blüthe der Jugend haben sie Allem entsagt, was die Welt der Jugend bietet. Sie haben Vater und Mutter verlassen, nicht um einem Manne zu folgen, sondern dem Herrn und seinem Dienste zu leben. So widmen sie ihre ganze Kraft der Erziehung der verwahrlosten und verwaisten Kinder, der Rettung der Sünderinnen, der Pflege der Armen und dem Dienste der Kranken.

Sie haben das Recht, Mutter zu sein, darangegeben, um dafür an die Stelle Jener zu treten, welche Mutter geworden, aber ihre Mutterpflicht nicht erfüllen können oder nicht wollen. Erbarmungsvoll nehmen sie die in der Welt an Leib und Seele zu Schanden Gewordenen in ihr stilles keusches Haus auf, um sie da durch Reue und Buße zu einem reinen Leben zurückzuführen. Selbst von Almosen lebend, suchen sie die Wohnung der Armen auf, bringen ihnen Nahrung und Kleidung, und verrichten an ihrem Lager die niedrigsten Magddienste. Sie haben den eignen Haus- und Familienstand aufgegeben und treten dafür in eine andere große Familie, in die Spitäler. Und was erwartet sie da? Wohin immer auch ihr Auge schaut, erblickt es Gebrechen und Leiden, Krankheit und Schmerz, Jammer und Elend Tag und Nacht. Da stehen und sitzen sie unablässig am Krankenbette, den Greisen und Unheilbaren Hülfe zu leisten, den von Schmerz Gefolterten Erleichterung zu verschaffen, dem Sterbenden Muth und Trost zuzusprechen und ihm im Todeskampfe beizustehen; und sie verlassen sein Lager nicht, bis er den letzten Athemzug ausgehaucht; ja auch nach seinem Tode bekleiden sie ihn noch mit dem Leichenhemde, ihn zum christlichen Begräbnisse zu bereiten. Und das Alles nicht für Silberlinge, sondern um Gottes willen. Von solchem Hochsinne des werkthätigen Glaubens und der ohne Miethlohn sich aufopfernden Nächstenliebe weiß die Welt nichts. Die Bauleute von Babel bleiben kalt bei dem Anblick solcher Heldinnen christlicher Liebe. Sie spotten ihrer sogar und nicht selten regt sich in ihrem Herzen, statt Bewunderung, blinde Abneigung und Haß. Aber, ihr Bauleute von Babel, kennt ihr das Herz einer solchen Jungfrau? Wißt ihr zu würdigen, was in ihrer Brust vorgeht, wenn sie das arme verwahrloste Kind, das ihr fremd ist, dennoch als wäre es ihr eigenes, mütterlich in warmer Liebe unterrichtet und erzieht; wenn sie, selbst an Reinheit ein Engel, in einen Abgrund von Schande und Versunkenheit hinabblickt und die darein Gefallenen mit rettender Schwesterhand emporzieht; wenn sie dem Armen Brod und Kleidung zuträgt und seine dürftige Kammer ihm zubereitet; wenn sie einsam in den nächtlichen Stunden am Bette des Kranken und Sterbenden sitzt, und neben der aufmerksamen Obsorge für den Leidenden ihre Gedanken und Gefühle, von Glauben und Hoffnung getragen, sich theilen zwischen diesem so kurzen Erdenleben, das der Sterbende zu verlassen im Begriffe ist, und zwischen der Ewigkeit, welcher auch sie über kurz oder lang entgegengeht? Nein, das wißt Ihr nicht. Aber wir wissen es, und wir segnen alle diese Jungfrauen und ihr Wirken; und wir danken Gott, daß er ihre Zahl in unserer Erzdiöcese in den letzten Jahren so erfreulich vermehrt hat."

Vor dieser lichtvollen Darstellung des Wirkens der religiösen Orden und vor der ihrer hohen Verdienstlichkeit gezollten Anerkennung des competentesten und berechtigtsten Beurtheilers müssen alle trüben Nebelgebilde entgegenstehender Anfechtungen in ihr unhaltbares Nichts zerfallen.

Jenes Zeugniß des unvergeßlichen Cardinal-Erzbischofs von Cöln

bestätigend, bezeichnete sein Nachfolger, der jetzige Hochwürdigste Herr Erzbischof Dr. **Paulus Melchers** von Cöln, in seinem ersten Hirtenbrief
vom 8. Mai 1866 neben den Priestern auch die geistlichen Genossenschaften als Stützen seiner hirtenamtlichen Wirksamkeit, indem er seinen
Erzdiözesanen schrieb:

„Ich vertraue auf den Beistand der vielen eifrigen Priester, welche
an dem Heile eurer Seelen arbeiten und in der Ausübung meines Hirten-
amts meine erste unentbehrliche Stütze und Hülfe sein werden, — auf
das gottgefällige Leben und heilbringende Wirken so vieler eifriger Or-
densmänner und gottgeweihter Jungfrauen, welche, auf dem Wege der
evangelischen Räthe nach Vollkommenheit ringend, der Welt ein Vorbild
und einen Spiegel des christlichen Lebens vor Augen stellen und durch
ihre Thätigkeit in der Seelsorge sowohl, als in den Werken der christlichen Liebe und Barmherzigkeit großen Segen verbreiten."

Ist in solcher Weise für das Preußische Staatsgebiet die Berechtigung sowohl, als die Nützlichkeit und Nothwendigkeit, wie auch die Un-
tadelhaftigkeit und segensreiche Wirksamkeit der katholischen geistlichen Genossenschaften allseitig dargethan: so darf das durch die gegen dieselben
gerichteten Angriffe mit großen Besorgnissen erfüllte katholische Volk zu-
versichtlich erwarten, daß das Preußische Abgeordnetenhaus durch entschie-
dene Zurückweisung der in Frage stehenden Petitionen in den ersten Ausbrüchen den furchtbaren Sturm ersticke, welcher die unausbleibliche Folge
jeder Gefährdung der kirchlichen Interessen treuer Unterthanen sein würde.

Aachen, den 10. Januar 1870.

Die Bürgermeister und Stadtverordneten:

Contzen. C. C. Dahmen. Carl Graf von Nellessen. von Pranghe. H. Boeh-
len. Casin. Th. Esser. J. Erasmus. Frauops. C. v. Guaita. Theo-
dor Freiherr von Geyer. Dr. Hahn. G. Hoyer. Jungbluth. Eduard
Kesselkaul. Abraham Mayer. Joseph Mengius. B. Mohaheim.
Dr. Müller. Friedr. Nacken. L. Neumann. Dr. Roderburg. Sommer.
C. H. Schervier. Joh. Ahle.

Anlage F.

Auszug

aus dem stenographischen Berichte über die Verhandlungen in der Sitzung des Hauses
der Abgeordneten vom 8. Februar 1870.

Präsident: Meine Herren, es ist mir soeben ein Antrag auf Vertagung überreicht worden von dem Herrn Abgeordneten v. Karborff.

Auf der Rednerliste ist Niemand weiter zum Wort gemeldet, ich bringe daher den Antrag auf Vertagung zur Abstimmmung und ersuche diejenigen Herren, welche gegenwärtig die Vertagung der Discussion beschließen wollen, aufzustehen.

(Geschieht.)

Meine Herren, das ist die Majorität, der Antrag auf Vertagung der Discussion ist angenommen.

Meine Herren, ich möchte Ihnen vorschlagen, die nächste Sitzung morgen Vormittags um 11 Uhr abzuhalten. Ich würde ausnahmsweise bitten, ob wir nicht die fortgesetzte Discussion dieses Gesetzes als erste Nummer der Tagesordnung auf die morgende Tagesordnung setzen können, da es doch immer möglich ist, daß das Gesetz nochmals an das Herrenhaus zurückgehen muß, und die Beschleunigung der Beschlußnahme offenbar erforderlich ist.

Es wird mir nicht widersprochen, ich nehme also an . . .

Der Herr Abgeordnete v. Mallinckrodt hat das Wort.

Abgeordneter v. Mallinckrodt: Ich weiß nicht, ob der Herr Präsident von der Ansicht ausgeht, daß der Widerspruch eines einzelnen Mitgliedes genügt, um den Antrag als unzulässig erscheinen zu lassen.

(Nein! Nein!)

Wenn das nicht der Fall ist, dann bitte ich die Entscheidung über diesen Vorschlag des Herrn Präsidenten auszusetzen bis dahin, daß wir gehört haben, welche Tagesordnung im Uebrigen von Seiten des Herrn Präsidenten für den morgigen Tag noch proponirt wird.

Präsident: Meine Herren, der Widerspruch eines einzelnen Mitgliedes würde nach den Vorschriften der Geschäftsordnung, auch nach dem Zusatzparagraphen, den wir auf den Antrag des Herrn Abgeordneten Graf Schwerin angenommen haben, nicht genügen, um den Gegenstand von der Tagesordnung zu entfernen. Ich behalte aber dem Herrn Abgeordneten v. Mallinckrodt sein Widerspruchsrecht, nachdem ich die ganze übrige Tagesordnung proclamirt haben werde, vor; es wird sich dann die Sache erledigen.

Ich schlage vor, meine Herren, sobann auf die Tagesordnung zu setzen:

2) Schlußberathung über den von den Abgeordneten v. Dieß und Genossen beantragten Gesetzentwurf, betreffend die Ausdehnung der Vorschriften des Gesetzes vom 21. Juli 1852 (Gesetz-Sammlung pro 1852, Seite 465) — Nr. 295 der Drucksachen. —

Es ist das der Antrag, der die Priorität hat nach den Vorschriften des Geschäftsordnungsparagraphen, der auf den Antrag des Herrn Abgeordneten Grafen v. Schwerin angenommen worden ist.

Sodann, als fernerer Gegenstand der Tagesordnung:

3) Vierter Bericht der Commission für Petitionen Nr. 161 der Drucksachen, soweit derselbe noch nicht erledigt ist.

Ferner ebenfalls nach der Reihenfolge, welche sich aus der Tafel ergibt: Bericht der Commission für Finanzen und Zölle über die Petitionen II. 124, II. 248, betreffend die Aufhebung der Elbzölle — Nr. 179 der Drucksachen.

Sodann:

Vierter Bericht der Commission für die Agrarverhältnisse über Petitionen — Nr. 180 der Drucksachen.

Sodann, indem ich bemerke, daß die Antragsteller, die Herren Abgeordneten v. Bonin, v. Karborff, v. Benda und Frech, sich damit einverstanden erklärt haben, daß die Schlußberathung über ihren Antrag von der Tagesordnung ausscheidet — die:

Schlußberathung über den Antrag der Herren Abgeordneten Dr. Hänel, Pflueg, Dr. Lorentzen, Dr. Lutteroth und Gen.:

Das Haus der Abgeordneten wolle beschließen: die Königliche Staatsregierung aufzufordern, spätestens in der nächsten Session des Landtages Entwürfe von Gesetzen für die Provinz Schleswig-Holstein, betreffend u. s. w. vorzulegen.

Sodann:

Bericht der Justizcommission über den Antrag der Abgeordneten Schulze (Berlin) und Pariskus, die Gesetzgebung über Bewässerung und Entwässerung der Genossenschaften betreffend — Nr. 208 der Drucksachen.

Sodann:

Fünfter Bericht der Commission für Petitionen, betreffend die Aufhebung der Klöster in Preußen — Nr. 221 der Drucksachen.

Berichterstatter Abgeordneter Dr. Gneist.

Meine Herren, ich bemerke, daß allerdings in Bezug auf diesen Bericht noch die Anzeige von einem mündlichen Bericht der Commission für Petitionen, betreffend die Petitionen, die in Bezug auf diesen Bericht an die Petitions-Commission eingegangen sind, vorliegt. Die Anzeige dieses mündlichen Berichts und des Antrages der Commission wird erst heut Abend vertheilt werden. Ich muß daher anheim geben, ob vielleicht aus diesem Umstande ein Widerspruch gegen die Aufführung des fünften Berichts der Commission für Petitionen auf der morgenden Tagesordnung hergenommen werden wird. Es ist das ein Bericht über 82 Petitionen, die gegen den Antrag der Petitionscommission eingegangen sind.

Sodann würde ich auf die Tages-Ordnung setzen:

den vierten Bericht der Commission für das Gemeindewesen über Petitionen (Nr. 224 der Drucksachen).

Sodann:

den vierten Bericht der Commission für Handel und Gewerbe über Petitionen (Nr. 226 der Drucksachen).

Sodann:

den sechsten Bericht der Commission für Petitionen (Nr. 227 der Drucksachen).

Zur Geschäftsordnung hat das Wort der Herr Abgeordnete Graf Bethusy-Huc.

Abgeordneter Graf Bethusy-Huc: Ich würde den Herrn Präsidenten bitten, den Gegenstand: fünfter Bericht der Petitions-Commission, betreffend die Regulirung der Verhältnisse der Klöster, von der morgigen Tagesordnung abzusetzen. Zwei Gründe sind es außer dem einen, den der Herr Präsident schon selbst anzuführen die Güte hatte, die mich zu diesem Antrage bewegen; einmal, wenn ich es überhaupt für mißlich erachte, kirchliche Angelegenheiten der Discussion eines politischen Körpers zu unterstellen, so erscheint es mir in einem Augenblicke, wo eine der zwei großen christlichen Kirchen, welche dem Preußischen Staate angehören, sich in einer mächtigen Reorganisationsarbeit befindet, von deren Ausgang auch die Verhältnisse der Kirche zum Staat im Allgemeinen und zu unserem Staat insbesondere berührt werden müssen, es der Rücksicht gegen diese Kirche, der Rücksicht gegen die Parität der religiösen Confessionen in Preußen und der Rücksicht gegen die Würde dieses eigenen Hauses zu entsprechen, nicht die rasche Hand in diesem Augenblicke in Dinge hineinzulegen, die möglicherweise in der nächsten Zeit einer Umgestaltung, einer reformatio ad pejus oder ad melius entgegengehen. Was wir jetzt vor allem im Auge haben, behalten müssen, ist: ein Präjudiz dieser Fortentwicklung der Kirche, deren freie unbeeinflußte Entwicklung auch unsere Verfassung gewährleistet, zu vermeiden; das ist der eine Grund. Der zweite Grund ist der: wir sind im Begriff voneinander zu gehen; wir scheiden mit dem vollen Bewußtsein politischer Gegensätze, aber nicht solcher, welche ein Zusammenwirken, wie es der Landes-Vertretung zukommt, in anderen großen organisatorischen Fragen, die den Frieden auf diesem Gebiete unmöglich machen; denn ihm steht gegenüber das Bewußtsein der nationalen Einheit. Stören wir dieses Bewußtsein nicht dadurch, daß wir eine Controverse auf ein Gebiet verpflanzen, auf welchem das Resultat derselben fast nicht abzusehen ist, Eins aber unzweifelhaft als Resultat hervorgehen muß, das Resultat einer jeden Controverse, welche ihren Sitz in dem Gefühlsleben hat, nämlich die gegenseitige Verbitterung, die gegenseitige Anfeindung. Lassen Sie vor den Neuwahlen den Zwiespalt der politischen Parteien nicht auf ein Feld übertragen, auf welchem es politische Parteien nicht gibt und nicht geben soll, welches einem selbstständigen politischen Streben absolut fern ist! Lassen Sie im Interesse des Friedens diese letzte Stunde nicht in unnützen Gefühlsergießungen vergehen!

Präsident: Zur Geschäftsordnung hat das Wort der Herr Abgeordnete Reichensperger:

Abgeordneter Reichensperger: Meine Herren, ich muß mein Erstaunen erklären, sowohl über den Antrag selbst, als auch noch mehr über

bie Motive, bie bemfelben zum Grunbe gelegt find. Der Antrag ift bahin
gerichtet, eine Angelegenheit, bie boch von fehr bebeutenber materieller
Tragweite ift, unb bie zugleich eine ganze Reihe ber funbamentalften Fragen
unferes öffentlichen Rechtes zum Gegenstanbe hat, hier nicht zu erörtern,
nachbem ein ben ganzen bisherigen Rechtszustanb verleugnenber Commif-
fions-Bericht bessalls im Haufe vertheilt unb zur Kenntniß bes Lanbes
gekommen ift. Es foll nichtsbestoweniger gerabe biefe hochwichtige Frage
hier nicht erörtert werben, obgleich wir fo viele Tage unb Stunben über
Petitionen, z. B. betreffenb bie Schonzeit bes Wilbes, ober aber Schant-
gerechtfame unb alles Denkbare unb Unbenkbare, hier verwenben. Es foll
einer ber wichtigften Gegenstänbe hier nicht zur Sprache gebracht werben,
unb zwar aus Grünben, bie ich, wenn ich fie recht verftanben habe, bahin
refumire, baß einestheils eine aufregenbe Debatte vermieben werben·foIle,
unb baß anbererfeits „ber Friebe unter ben Confessionen" nicht gestört
werben möge. Nun, meine Herren, ich für mein Theil habe am aller-
wenigften Beranlaffung, mich nach berartigen Debatten zu fehnen, bei
benen allerbings fo leicht confessionelle Sympathieen unb Antipathieen mit-
spielen. Allein an unb für fich bin ich boch ber Meinung, baß, wer in
biefes Haus ber Abgeorbneten eintritt, nicht mit fo zarten Nerven aus-
geftattet fein barf, baß er nicht auch einmal eine aufregenbe Debatte er-
bulben kann. Aber ich fehe auch fchlechterbings nicht bie brohenbe Gefahr
jener gefürchteten Aufregung. Nach meinem Dafürhalten hanbelt es fich
um eine ganz kalte, einfache Rechtsfrage, unb wenn bennoch anberweite
confessionelle Fragen, — wenn Fragen, welche bie Gemüther erhitzen können,
in bie Debatte kommen follten, bann kann es gewiß nur bie Schulb ber
Gegner fein, — folcher Gegner, wie wir fie allerbings in ben Petitionen
gefunben haben, beren beleibigenbfte Ausbrücke freilich zu meiner Berwun-
berung in bem Berichte noch wieberholt worben finb. Meine Herren, berartige plumpe unb falfche Aeußerungen werben von ben Gegnern bes
Berichts wahrfcheinlich nicht in biefes Haus geworfen werben. Ich wenigftens, wenn ich Gelegenheit haben follte, über ben Bericht mich auszu-
sprechen, würbe lebiglich unb ausfchließlich über bie nackte kalte Frage bes
Preußifchen Berfaffungsrechtes fprechen. Wenn nun aber gar ber con-
feffionelle Friebe als Motiv für bie Nichtverhanblung über ben
Bericht angerufen wirb, bann muß man bei einer berartigen Motivirung
benn boch eine ganz eigenthümliche Auffaffung von confessionellem Frieben
haben. Worum hanbelt es fich benn? Wer ift ber Angreifer, unb wer
ber Angegriffene? Ein Bericht liegt fobann vor, ber Grunbfätze auffteIlt,
bie bas birecte Gegentheil eines zwanzigjährigen Rechtszustanbes bebeuten,
— unb biefer Bericht nun foll nicht erörtert werben im Intereffe bes con-
feffionellen Friebens? Die Katholiken follen ihm gegenüber munbtobt gemacht werben? Der wahre confessionelle Friebe beruht boch wohl barin,
baß Jeber in biefem Haufe unb baß bas·ganze Lanb erfährt, baß bie
wahren Grunbfätze bes Rechtes, auch bes ber Katholiken, hier ihre
Bertretung finben, unb baß nicht einfeitige inbivibuelle Meinungen bes

Augenblicks ober vielleicht gar Provocationen von Außen einen Umsturz unserer Rechtszustände herbeiführen können. Ich bin also der Meinung, daß es geboten ist, daß die Sache ihren vollen Austrag im Hause der Abgeordneten erhält, welches auch das Resultat sein mag. Ich bin freilich auch überzeugt, daß es eines sein wird, welches unserem wirklichen, seit 20 Jahren anerkannten öffentlichen Rechtszustande entspricht. Sollte das indessen nicht der Fall sein — dann mag die Folgen tragen, wer sie zu verantworten hat. Ein Austrag einer so wichtigen Angelegenheit, wie die hier angeregte, ist meines Erachtens ganz unerläßlich. Ich meine namentlich aber auch, daß man im Lande katholischerseits aus einer solchen Absetzung von der Tages-Ordnung die Absicht einer Mißachtung, einer Verletzung unseres Rechtes herausfühlen wird. Ich für meine Person beurtheile den Antrag nicht so; ich muß vielmehr die Meinung aussprechen, daß nur diejenigen Abgeordneten auf Absetzung des Berichtes von der Tagesordnung antragen können, die mit den Grundsätzen des Berichtes nicht einverstanden sind. Denn andernfalls wäre es doch die Pflicht des Abgeordnetenhauses, den bei uns vorhandenen angeblich rechtswidrigen Zustand zu reprimiren. Setzt man jenen Bericht dagegen von der Tagesordnung ab, dann finde ich hierin das Gegentheil von dem, was man im Lande möglicherweise annehmen wird. Das Land und alle Parteien haben aber auch ein Recht und ein Interesse daran, die durch den Bericht angeregten wichtigen verfassungsmäßigen Fragen nicht blos indirect erledigt zu sehen, sondern eine directe sachliche Entscheidung zu erwarten.

Präsident: Ehe ich weiter das Wort ertheile, bemerke ich, daß sich noch zur Geschäfts-Ordnung zum Worte gemeldet haben: die Herren Abgeordneten v. Diest, v. Mallinckrodt, Dr. Gneist, v. Kardorff. Ich muß zuvörderst fragen, ob ich nicht jene Frage zuerst stellen soll, welche die ganze Frage entscheidet. Ich kann ja den Herren das Wort zur Geschäfts-Ordnung nicht nehmen; aber wenn die Frage entschieden ist, werden vielleicht die Herren sich entschließen, je nach dem die Entscheidung ausfällt, auf das Wort zu verzichten. Nach der Geschäftsordnung bin ich verpflichtet, folgender Art zu verfahren. Es heißt nämlich in derselben:

„Eine Abweichung von der Regel findet nur dann statt, wenn nicht von mindestens 30 Mitgliedern widersprochen wird.“

Ich muß also zuvörderst die Frage stellen, ob 30 Mitglieder der Absetzung des Petitions-Berichtes von der Tagesordnung widersprechen; widersprechen 30 Mitglieder, so würde jede weitere Discussion über die Absetzung von der Tagesordnung überflüssig sein, da die Tagesordnung dann nicht geändert werden kann. Ich frage, ob das Haus damit einverstanden ist, daß ich zuvörderst diese Frage stelle und dann erst das Wort weiter zur Geschäftsordnung ertheile; sonst, wenn das Haus nicht einverstanden ist, würde ich in der Reihenfolge der Redner weiter das Wort ertheilen.

Das Haus ist damit einverstanden; ich bemerke, daß, wenn nicht

30 Mitglieder widersprechen, dann erst die Discussion über die Sache selbst eröffnet würde, ob von der Tagesordnung abgesetzt werden soll.

Ich ersuche diejenigen Herren, welche dem Antrage des Herrn Abgeordneten Grafen Bethusy-Huc auf Absetzung des V. Berichts von der Tagesordnung widersprechen wollen, aufzustehen.

(Geschieht.)

Nach unserer Ueberzeugung stehen wenigstens 60 Mitglieder: es wird daher der V. Bericht der Petitionscommission auf der Tagesordnung verbleiben, und ich glaube, Sie werden mir auch gestatten, daß ich gleichzeitig den mündlichen Bericht über 70 bis 80 Petitionen, welche gegen den Bericht der Petitions-Commission vorliegen, auf die Tagesordnung setze, und zwar gleich an dieselbe Stelle, wo der V. Bericht der Petitions-Commission steht. Ich eröffne gleichzeitig über diese Frage die Discussion und habe nun noch den Widerspruch zu erledigen, welchen der Herr Abgeordnete v. Mallinckrodt gegen meinen Vorschlag erhoben hat, an die erste Stelle der Tagesordnung den Bericht zu setzen, betreffend die Fortsetzung der Discussion über die Rheinschifffahrtsgerichte.

Ich frage den Herrn Abgeordneten v. Mallinckrodt, ob er bei seinem Widerspruch verharrt?

Abgeordneter von Mallinckrodt: Allerdings thue ich dies, ich bin sogar im Begriff, meinerseits dem Antrag des Herrn Abgeordneten Grafen v. Bethusy-Huc, obgleich er beseitigt ist, einen anderen Antrag gegenüber zu stellen.

Er geht dahin:

Das Haus der Abgeordneten wolle beschließen:

den V. Bericht der Petitions-Commission unter Nr. 1 auf die morgige Tagesordnung zu setzen.

Ich darf wohl das Wort behalten, um auch meine Gründe anzuführen für meinen Antrag.

Präsident: Ich möchte nicht in den Fehler verfallen, in den ich zuerst verfallen bin, als ich dem Grafen Bethusy-Huc zur weiteren Begründung seines Antrages das Wort ertheilte, ehe die Vorfrage erledigt war. Ich glaube, daß ich auch hier erst die Vorfrage stellen muß. Durch den Antrag des Herrn Abgeordneten v. Mallinckrodt wird das Recht aller anderen Petitionen und Anträge berührt, welche nach dem Geschäftsordnungsantrag des Grafen Schwerin den Vorrang auf der Tagesordnung haben, und wenn hier der Antragsteller und 30 Mitglieder aus dem Hause widersprechen, so ist der Antrag, welchen der Herr Abgeordnete v. Mallinckrodt gestellt hat, eine Unmöglichkeit, und ich glaube, wir können uns der Anhörung der Begründung desselben entheben. Ich stelle auch hier die Frage, ob dem Antrage v. Mallinckrodt von mehr als 30 Mitgliedern widersprochen wird, und ersuche diejenigen Herren, welche den Widerspruch erheben wollen, aufzustehen.

(Geschieht.)

Meine Herren, es haben mehr als 30 Mitglieder widersprochen.
Ich meinerseits verzichte darauf, morgen auf die Tagesordnung die Fortsetzung der Discussion der Rheinschifffahrtsakte zu setzen, indem ich glaube,
daß es in solchen Fällen am besten ist, lediglich nach der Geschäftsordnung zu gehen.

Ich ertheile das Wort zur Geschäftsordnung dem Herrn Abgeordneten v. Diest.

Abgeordneter v. Diest: Ich möchte die Bitte an den Herrn Präsidenten richten, daß er die Güte haben möge, morgen auch den sehr einfachen Gegenstand auf die Tagesordnung zu bringen, der für die Prüfung
der nächsten Wahlen von Wichtigkeit ist, nämlich den Antrag der Ge-
schäftsordnungscommission auf Hinzufügung eines Zusatzes zu §. 4 der
Geschäftsordnung, wonach über alle Wahlen, bei denen auf Beanstan-
dung oder Ungültigkeitserklärung Seitens der Abtheilungen
angetragen wird, künftig schriftlich zu berichten ist. Meine Herren,
der Antrag wird keine lange Debatte erfordern und ist von großer Wichtigkeit. Ich bitte daher den Herrn Präsidenten, diesen Gegenstand noch auf
die Tagesordnung zu setzen.

Präsident: Der Antrag des Herrn Abgeordneten v. Diest in
Bezug auf die Geschäftsordnung folgt noch weit nach dem 6. Berichte
der Petitions-Commission, welchen ich als letzten Gegenstand für die Tagesordnung vorgeschlagen habe. Es liegt noch dazwischen:

1) der 7. Bericht der Petitions-Commission,
2) der mündliche Bericht der Justiz-Commission über die Petitionen II. 627.
3) der mündliche Bericht der Geschäftsordnungs-Commission über
den Antrag des Abgeordneten Grafen v. Frankenberg wegen
Herstellung eines Abstimmungstelegraphen,
4) der 3. Bericht der Commission für das Unterrichtswesen über
Petitionen,
5) Der 5. Bericht der Gemeinde-Commission über Petitionen,
6) der Bericht der XIII. Commission zur Berathung des Antrages der Abgeordneten Dr. Loewe und Dr. Eberty wegen
Einführung der Civilehe,
7) der 5. Bericht der Commission für Handel und Gewerbe über
Petitionen.

Ich muß daher auch die Frage stellen, ob 30 Mitglieder widersprechen.

Sobald 30 Mitglieder widersprechen, ist eine Abänderung der Tagesordnung nicht möglich.

Ich ersuche diejenigen Herren, aufzustehen, welche dem Antrage des
Abgeordneten v. Diest widersprechen wollen.

(Geschieht.)

Es sind mehr als 30 Mitglieder, es bleibt daher bei der propo-
nirten Tagesordnung mit der Modification, daß der von mir proponirt
gewesene erste Gegenstand:

bie Fortsetzung der Berathung des Berichts über den Gesetz-
entwurf, betreffend die Rheinschifffahrtsgerichte,

nicht auf die Tagesordnung kommt.

Anlage G.

Auszug

aus dem stenographischen Berichte über die Verhandlungen in der Sitzung des
Hauses der Abgeordneten am 9. Februar 1870.

Präsident: Meine Herren, es liegt ein Antrag auf Vertagung
vor von dem Herren Abgeordneten v. Bonin (Genthin).

Wenn Widerspruch nicht erhoben wird, so nehme ich an, daß das
Haus mit demselben einverstanden ist. — Er wird nicht erhoben, es bleibt
mir daher nur noch übrig, die nächste Sitzung vorzuschlagen und die
Tagesordnung für dieselbe.

Ich schlage die nächste Sitzung vor auf morgen früh 11 Uhr.

Die Lage der Geschäfte des Hauses erfordert meiner Ansicht nach
folgende Tagesordnung:

1) Fortsetzung der Schlußberathung über den Gesetzentwurf, betreffend die Rheinschifffahrtsgerichte (Nr. 230 der Drucksachen).

2) Mündlicher Bericht der Budget-Commission über die Uebersicht der Staatseinnahmen und Ausgaben im Jahre 1868.
(Nr. 325 der Drucksachen).

Es ist dies ein Bericht oder vielmehr die Anzeige eines Berichts mit
dem Antrage, der heut morgen erst gedruckt vertheilt worden ist. Ich muß
erwarten ob vielleicht Widerspruch erhoben wird.

Sodann 3. der Bericht der Commission zur Prüfung des
Staatshaushaltsetats, betreffend den Rechenschaftsbericht der
Königlichen Staats-Regierung über die Ausführung des Ge-
setzes vom 5. Februar 1869 (Nr. 309 der Drucksachen).

Sodann als 4. Gegenstand der Tagesordnung der mündliche Bericht der Commission für Handel und Gewerbe, betreffend Uebersicht über den Fortgang des Baues beziehungs-

weise der Ergebnisse der Preußischen Staatseisenbahnen im Jahre 1868 (Nr. 175 der Drucksachen des Abgeordnetenhauses und 174 der Drucksachen des Herrenhauses).

Referent ist der Herr Abgeordnete Dr. Hammacher.

Und endlich 5. Bericht der XI. Commission über den von dem Herrenhause an das Abgeordnetenhaus zurückgekommenen, aus Anlaß eines Antrags der Herren Abgeordneten Dr. Becker und Dr. Gneist beschlossenen Gesetz-Entwurf, betreffend die Ablösung der den geistlichen und Schulinstituten, sowie den frommen und milden Stiftungen zustehenden Reallasten.

Der Antrag lautet auf Annahme des Gesetz-Entwurfs.

Es ist mir aber soeben ein schriftlicher Antrag des Herrn Abgeordneten v. Mallinckrodt überreicht worden, von mehr als 80 Unterschriften unterstützt. Der Antrag lautet:

Das Haus wolle beschließen:

den fünften Bericht der Petitions-Commission — Nr. 221 — an erster Stelle auf die Tagesordnung des morgigen Tages zu bringen.

Als Motive sind angeführt:

· Der Bericht enthält Ausführungen, welche es im Interesse des Rechtes, der Religionsfreiheit und des confessionellen Friedens bringend wünschenswerth erscheinen lassen, daß das Haus auf eine Berathung der Angelegenheit eingeht.

Ich betrachte diesen Antrag als einen Widerspruch gegen die von mir vorgeschlagene Tagesordnung, über welchen Widerspruch das Haus im gegenwärtigen Augenblick durch Majorität zu entscheiden hat. Ich ertheile das Wort dem Herrn Abgeordneten Grafen Schwerin:

Abgeordneter Graf Schwerin: Meine Herren! Ich widerspreche dem Antrage, der eben eingebracht worden ist. Ich bin gewiß gegen jede tendenziöse Zurückstellung des Antrages gewesen, um den es sich hier handelt, und ich habe mich in dieser Beziehung der Zustimmung aller Freunde zu erfreuen gehabt. Ich habe geglaubt, es wäre ein Recht derjenigen Herren, die einen besondern Werth auf die Berathung dieser Petitionen legen, daß er nicht tendenziös zurückgestellt werde, sondern in der Reihenfolge, in der er zur Berathung kommen sollte, auch zur Berathung käme. Demzufolge hat das Haus gestern beschlossen, oder der Herr Präsident hat vielmehr ausdrücklich den Antrag zurückgezogen, die Fortsetzung der Berathung des Gesetzentwurfs in der wir uns befanden, an diesem Tage stattfinden zu lassen, und hat in der Reihenfolge, in der die Petitionen zur Berathung kommen, auch diese auf die Tagesordnung gesetzt. Daß der Bericht nun heute nicht herangekommen ist, weil die Discussion der vorhergehenden Gegenstände uns die ganze Sitzung beschäftigt hat, war nicht zu verhindern. Ich glaube aber, der Antrag hat durchaus nicht Anspruch auf eine vorzugsweise Berücksichtigung vor den wichtigen Ge-

genſtänden, bie jebenfalls in bieſer Seſſion noch ihre Erlebigung erfordern, unb bie ber Herr Präſibent ſoeben für bie morgenbe Tagesorbnung vorge=ſchlagen hat. Ich glaube, bie Petition gehört in bie Reihe ber übrigen Petitionen, unb wenn ſie nach ber beſtehenben Reihenfolge nicht mehr herankommen kann, bann müſſen wir eben ihre Berathung auf ſich be=ruhen laſſen. Ich glaube, wir thun gut, es bei ber von bem Herrn Prä=ſibenten vorgeſchlagenen Tagesorbnung zu laſſen.

(Bravo! links.)

Präſibent: Der Herr Abgeorbnete v. Mallinckrobt hat bas Wort zur Geſchäftsorbnung.

Abgeorbneter v. Mallinckrobt: Meine Herren, es iſt geſtern ge=ſagt worben, es ſei nicht angemeſſen, über ben Gegenſtanb eine Debatte zu eröffnen, weil baburch Aufregung im Lanbe erregt werben würbe. Die Sachlage iſt aber gerabe umgekehrt: bie Beunruhigung, bie Aufregung, bie Entrüſtung auf allen Seiten ber Katholiken bes Lanbes

(Oho! links.)

iſt ba, meine Herren, unb es kommt jetzt barauf an, bie Beranlaſſung zur Beunruhigung zu beſeitigen. Ich glaube, es kann für bas Haus kaum einen wichtigeren Gegenſtanb ber Berathung geben,

(Wiberſpruch links.)

als wenn gegen bie Grunblagen unſeres ganzen Staatsrechtsgebäubes, als wenn gegen bie wichtigſten Grunbſätze unſerer Berfaſſung ein Attentat vorliegt. Wenn bas ber Fall iſt, wenn obenbrein ber Angriff von einer Commiſſion bieſes Hauſes ſelbſt ausgeht, bann, meine Herren, genügt es nicht, ſtillſchweigenb berartige Angriffe hingehen unb burch bloße Nicht=erlebigung zu Boben fallen zu laſſen, ſonbern es iſt nothwenbig, baß bas Haus einen Ausſpruch thut. Was bie Katholiken ſpeciell angeht, ſo betrachte ich ben Bericht unb bie Anträge ber Petitions-Commiſſion als einen ben geſammten Katholiken hingeworfenen Fehbehanbſchuh,

(Oho! links.)

unb wir ſinb nicht geſonnen, ihn liegen zu laſſen.

Präſibent: Das Wort ertheile ich zur Geſchäfts-Orbnung bem Herren Abgeorbneten Dr. Gneiſt.

Abgeorbneter Dr. Gneiſt: Meine Herren! Der Herr Präſibent hat ben Herrn Borrebner nicht unterbrochen aus Grünben, über bie mir kein Urtheil zuſteht. Ich meinerſeits wollte bie von ihm gebrauchten Ausbrücke im Namen ber Commiſſion als völlig unberechtigt hiermit zurückweiſen.

(Bravo! links.)

Präſibent: Der Herr Abgeorbnete v. Bonin (Genthin) hat bas Wort zur Geſchäfts-Orbnung.

Abgeorbneter v. Bonin (Genthin): Meine Herren, es fällt mir nicht ein, irgenb ein Wort ber Kritik über ben Commiſſionsbericht hier

schon äußern zu wollen, wie das von Seiten der Herren Vorredner geschehen ist, da es sich hier lediglich um die Frage handelt, ob die von
dem Herrn Präsidenten vorgeschlagene Tagesordnung oder der Antrag des
Herrn Abgeordneten v. Mallinckrodt die Zustimmung des Hauses finden
wird. Meiner Auffassung nach ist die Sache unzweifelhaft. Wir haben
beschlossen, daß Petitionen und Anträgen ein bestimmter Tag in der Woche
gewidmet sein soll. Wir befinden uns überdies in diesem Augenblick in
einem Stadium der Berathungen, in dem es nicht blos bringend erforderlich, sondern ganz unvermeidlich nothwendig ist, den Vorlagen der Staatsregierung für die wenigen Tage, in welchen wir hier noch zusammensein
werden, den Vorrang in der Weise zukommen zu lassen, daß wir diese
Sachen in Uebereinstimmung mit dem andern Factor der Gesetzgebung
zur Erledigung bringen und dadurch wirkliche praktische Resultate für das
Land zu erzielen. Aus diesem Grunde bitte ich Sie bringend, der Tagesordnung, wie sie der Herr Präsident, der allein im Stande ist, die Lage
der Verhandlungen und die Nothwendigkeit ihrer Erledigung vollständig
zu übersehen, seinerseits in Vorschlag gebracht hat, zuzustimmen.

Präsident: Zur Geschäftsordnung hat das Wort der Herr Abgeordnete Windthorst (Meppen).

Abgeordneter Windthorst (Meppen): Meine Herren, die Tagesordnung zu bestimmen oder vorzuschlagen, ist allerdings zunächst die Aufgabe des Herrn Präsidenten. Inzwischen steht den Mitgliedern des Hauses
zu, dazu Bemerkungen zu machen. Diese Befugniß hat uns dazu gebracht,
den Antrag zu stellen, der verlesen worden ist. Es ist für Niemand in
der Welt angenehm, in einer politischen Versammlung confessionelle Fragen,
wie sie hier vorkommen werden, zu besprechen, und insofern hätte ich meines
Theils gewünscht, es könnte das auch hier vermieden werden, damit die
Legislaturperiode in vollem Frieden schlösse; aber, meine Herren, ich muß
darin einverstanden sein, daß ungeachtet des Widerspruchs des Herrn Be-
richterstatters mir in meinem langen parlamentarischen Leben kein Schriftstück vorgekommen ist,

(Widerspruch.)

in meinem langen parlamentarischen Leben kein Schriftstück vorgekommen
ist, welches gegen einen großen Theil der Mitglieder dieses Hauses und
gegen einen großen Theil der Bevölkerung des Landes mehr provocatorische
Beleidigungen enthielte wie dieses.

(Lebhaftes Murren.)

Präsident: Ich erlaube mir, den Herrn Redner darauf aufmerksam
zu machen: das Wort „provocatorische Beleidigungen" gegenüber einem
Berichte einer Commission des Hauses halte ich allerdings nicht für par-
lamentarisch.

(Bravo!)

Abgeordneter Dr. Windthorst (Meppen): Ich habe ungefähr

Worte gebraucht, wie andere Abgeordnete auch gebraucht haben, werde mich aber bemühen,

(Große Unruhe.)

(Glocke des Präsidenten.)

Präsident: Ich muß den Herrn Redner zur Ordnung rufen. In den letzten Worten liegt eine Kritik meines Verfahrens, die ich nicht von einem einzelnen Mitgliede dulden werde. Ich rufe den Herrn Abgeordneten Windthorst (Meppen) zur Ordnung!

Abgeordneter Windthorst (Meppen): Ich habe keine Kritik gewollt. — Ich muß deßhalb wiederholen, daß ich glaube, es ist durchaus im Interesse des Hauses, daß wir die Sache vornehmen; ob sie morgen vorgenommen werden kann, das weiß ich nicht, aber sie muß in diesen Tagen, das ist meine feste Ueberzeugung, nothwendig vorgenommen werden. Wir können den uns hingeworfenen Fehdehandschuh so nicht liegen lassen,

Präsident: Zur Geschäftsordnung hat das Wort der Herr Abgeordnete Heise.

Abgeordneter Heise: Meine Herren! Es ist gestern bemerkt worden, daß es wünschenswerth sei, im Interesse des confessionellen Friedens diese Angelegenheit im Hause nicht zur Debatte zu bringen. Ich bin der Ueberzeugung, daß es im Interesse des confessionellen Friedens geschehen muß. Denn, meine Herren, wir haben eben von einem der Herren Abgeordneten, der, glaube ich, in dieser Sache ganz unterrichtet sein kann, gehört, daß durch die Art und Weise der Verhandlung in der Commission — mag es begründet sein oder nicht — doch ein großer Theil der katholischen Bevölkerung geradezu vor den Kopf gestoßen ist, und ich glaube, es wird nichts mehr dazu dienen, die Beruhigung auch dieses Theiles der Bevölkerung herbeizuführen, als wenn ganz objectiv über diese Frage morgen hier im Hause verhandelt wird. Ich mache ferner darauf aufmerksam, daß die Veranlassung zu derartigen Angriffen, wie sie hier vorzuliegen scheinen, nicht aus ganz freier Entschließung und Ueberzeugung hervorgegangen ist, sondern daß mehrfach die Behauptung auch in öffentlichen Blättern hervorgetreten ist, daß ein factiöses Getriebe, außerhalb dieses Hauses natürlich, zu Tage getreten sei, welches in dieser Beziehung die katholischen Interessen zu schädigen Anlauf genommen hätte. Ich glaube, es wird sich über diese Frage sehr wohl sprechen lassen, es wird sehr wohl die Beruhigung, die auch die anderen Herren, die nicht für den Commissionsbericht eintreten, wünschen, aus den Verhandlungen hervorgehen können; aber dadurch, daß diese Sache ausgeschwiegen wird, kommen wir nach meinem Ermessen zu diesem confessionellen Frieden nicht. Ich würde nun, damit auch die anderen wichtigen Angelegenheiten, die der Herr Präsident auf die Tagesordnung zu setzen beabsichtigt, nicht leiden, mir den Vorschlag erlauben, daß die Sitzung entweder früher angesetzt werde, also nicht erst um 11 Uhr, wie der Herr Präsident vorzuschlagen die Güte gehabt hat, sondern um 10 Uhr.

(Ruf: 7 Uhr!)

Hier wird mir von dem Herrn Prinzen Carl zu Hohenlohe 7 Uhr zugerufen; ich stelle ihm anheim, ob er diesen Antrag stellen will; ich für meine Person bin nicht in der Lage dies zu thun; ich fürchte, daß der Prinz Carl zu Hohenlohe selbst nicht anwesend ist, wenn wir so früh tagen; aber ich überlasse es ihm, den Antrag auf größere Verfrühung zu stellen. Aber, meine Herren, wenn Sie damit nicht einverstanden sein sollten, vielleicht aus dem Grunde, weil im Laufe einer Stunde die Debatte über diese Angelegenheit nicht zu Ende gehen möchte, so würde ich anheimstellen, daß wir bei der Wichtigkeit dieser Frage, die ich ihr beilege, eine Abendsitzung hielten. Das ist gewiß nicht zu viel verlangt, meine Herren, wenn die Arbeiten so drängen, wie das jetzt der Fall ist. Wenn die Wichtigkeit dieser Frage nicht verkannt werden kann, und wenn ich meinerseits auch nicht bestreite, daß die von dem Präsidenten auf die Tagesordnung gestellten Anträge der bringenden Beschleunigung bedürfen, so glaube ich, werden wir dieses Opfer an Zeit bringen können. Ich halte meinen Antrag aufrecht.

Präsident: Zur Geschäftsordnung hat das Wort der Herr Abgeordnete v. Kardorf.

Abgeordneter v. Kardorf: Obgleich sich der Herr Abgeordnete Heise in sehr warmer Weise des Protestes angenommen hat, der gegen die morgende Tagesordnung ausgegangen ist, so bitte ich Sie, ebensowenig den Worten, die der Herr Abgeordnete Heise gesprochen, wie denjenigen, welche der Herr Abgeordnete Windthorst (Meppen) gesprochen, sich anzuschließen. Ich will nicht sagen, daß es bei mir feste Regel ist, aber ich habe gefunden, daß ich mit dem Herrn Abgeordneten Windthorst (Meppen) bei allen Fragen, welche eine nationale Beziehung haben könnten, immer auseinander gestimmt habe. Da er nun die Sache mit warmem Herzen vertheidigt, so ist dies ein Grund mehr für mich, dagegen zu sprechen.

(Oho!)

Ja, meine Herren, es ist das der Fall; der Herr Abgeordnete Windthorst hat unserer nationalen Entwickelung mehr Schwierigkeiten in den Weg gesetzt, wie sonst irgend ein anderer Abgeordneter.

Der Herr Abgeordnete Heise hat gesagt, der confessionelle Friede würde nicht gestört, sondern es würde im Gegentheil eine Beruhigung der Gemüther eintreten, wenn die Sache hier im Hause discutirt würde. Dem muß ich vollständig widersprechen. Es ist nicht zu berechnen, welche Formen und Dimensionen die Discussion annehmen würde bei Angelegenheiten, die für Jeden das Heiligste berühren, was er auf dem Herzen trägt. Diese Angelegenheiten sind hier im Hause schwer zu verhandeln, und wenn wir morgen in die Verhandlung nicht eintreten wollen, so schweigen wir sie nicht todt, sondern wir thun nur unsere Schuldigkeit, indem wir den regelmäßigen Geschäftsgang aufrecht erhalten und so verfahren, wie es die Geschäfte des Hauses mit sich bringen. Ich bitte Sie,

dem Vorschlag des Präsidenten im allgemeinen nationalen Interesse bei-
zustimmen.

Präsident: Der Herr Abgeordnete v. Diest hat das Wort.

Abgeordneter v. Dieft: Ich stimme ganz entschieden für den An-
trag des Herrn Präsidenten, und zwar lediglich aus praktischen Gründen.
Uns liegen eine Anzahl Gesetzentwürfe vor, die wir noch erledigen müssen,
und das können wir nur, wenn wir in die Berathung darüber eintreten.
Ich hätte an und für sich nichts dagegen einzuwenden, daß, wenn die
Zeit es erlaubte, die Kloster-Angelegenheit hier im Hause, wie von den
Herren gewünscht wird, besprochen worden wäre, und so habe ich auch
gestern nicht Widerspruch dagegen erhoben, daß die Sache auf die heutige
Tagesordnung gesetzt werde. Da die Zeit uns aber drängt, und den Herren
vollständig Gerechtigkeit widerfahren ist, indem die Sache auf die heutige
Tagesordnung gesetzt war, stimme ich entschieden dem Herrn Präsidenten bei.

Präsident: Der Herr Abgeordnete Graf Schwerin hat das Wort.

Abgeordneter Graf Schwerin: Meine Herren, nur noch ein Wort!
Der Antrag, um den es sich hier handelt, ist von dem Herrn Vertreter
der Ansicht, daß die Frage morgen auf die Tagesordnung kommen soll,
hauptsächlich als eine confessionelle Frage bezeichnet worden. Eine
solche Frage ist es aber gar nicht; es liegt einfach eine Verfassungsfrage
vor, die Frage darüber, was verfassungsmäßig und rechtlich in Preußen
bestehe. Diese Frage ist angeregt worden durch einige Petitionäre, und
es ist schon an sich sehr bedenklich, so tiefgreifende Verfassungsfragen auf
Grund einer Petition zur Berathung zu bringen. Nun haben wir natürlich die Sache zur Berathung ziehen wollen, haben den Petitionären
dasselbe Recht widerfahren lassen, was wir allen anderen Petitionären
widerfahren lassen; ihnen aber ein vorzugsweises Recht einzuräumen, über
eine Verfassungsfrage vom confessionellen Gesichtspunkte aus zu discutiren
— dazu liegt gar keine Veranlassung vor. Ich glaube, meine Herren,
es ließe sich diese Frage sehr gut discutiren, ohne sie confessionell
zu behandeln und ohne confessionell die Leidenschaften aufzu-
regen; ich würde mich durchaus nicht gescheut haben, die Frage zu discutiren, wenn sie auf die Tagesordnung gesetzt wäre; aber eine vorzugsweise Behandlung ihr zu Theil werden zu lassen, dazu ist gar kein Grund.
(Sehr richtig!)

Präsident: Der Herr Abgeordnete Windthorst (Meppen) hat das
Wort.

Abgeordneter Windthorst (Meppen): Der Herr Abgeordnete Kardorf hat die Güte gehabt zu sagen, daß er gegen den Antrag sei, weil
ich dafür sei. Sehr große Ehre für mich, wenn allein die Existenz einer
abweichenden Meinung von meiner Seite der Grund für das Votum eines
so bedeutenden Mitgliedes des Hauses ist. Ich habe meines Theils von
nationalen Dingen übrigens bei dieser Sache gar nicht gesprochen. Wenn
der geehrte Herr meinen Abstimmungen Motive unterlegt, die ich nicht

9

ausgesprochen habe, so vergeht er sich gegen die Mahnung des Herrn Präsidenten, die dieser allerdings diesmal nicht wiederholt hat. Aber ich muß
bemerken, daß ich mir bewußt bin, die nationale Entwicklung in ihrem
wahren und richtigen Sinne ebenso kräftig zu fördern, wie der Herr Abgeordnete v. Kardorf dies — freilich im unrichtigen Sinne — zu thun meint.

(Heiterkeit.)

Präsident: Es ist Niemand zum Worte gemeldet; ich schließe
die Discussion. Wir kommen zur Abstimmung.

Ich werde ganz einfach fragen, ob der Antrag v. Mallinckrodt angenommen werden soll; wird er angenommen, so bleibt die andere Tages=
ordnung bestehen; wird er abgelehnt, so verbleibt es bei der Tagesordnung, die ich vorgeschlagen habe. Ein schriftlicher Antrag des Herrn Abgeordneten Heise liegt nicht vor; ich werde aber, um dem mündlich gestellten Antrage zu genügen, für den Fall, daß der Antrag v. Mallinckrobt angenommen werden sollte, fragen, ob die Sitzung morgen um 10
Uhr beginnen soll.

Zur Geschäftsordnung ertheile ich dem Herrn Abgeordneten Heise
das Wort.

Abgeordneter Heise: Ich habe mir erlaubt, den Antrag v. Mallinckrodt nach zwei Richtungen hin zu amendiren, erstens, die Sitzung
morgen früher, also statt um 11 Uhr um 10 Uhr beginnen zu lassen,
und zweitens, wenn dies nicht angenommen werden sollte, eventuell eine
Abendsitzung anzusetzen. Ich glaube also, daß selbst für den Fall, daß
der Antrag, diese Angelegenheit morgen auf die Tagesordnung zu setzen,
nicht angenommen werden sollte, immer noch der von mir gestellte Antrag einer Abendsitzung übrig bleibt. Ich würde den Herrn Präsidenten
bitten, eventuell eine Abendsitzung anzuberaumen. Ich weiß nicht, ob ich
diesen Antrag schriftlich oder mündlich stellen soll.

Präsident: Ich werde also die Frage stellen, ob die Petition in
einer morgen Abend fortgesetzten Sitzung erledigt werden soll.

Der Herr Abgeordnete Heise hat das Wort.

Abgeordneter Heise: Die Abendsitzung habe ich nicht für morgen,
sondern für Freitag Abend beantragen wollen.

Präsident: Da kann ich allerdings die Frage nicht schon heute
stellen, da wir heute noch nicht die Tagesordnung für Freitag festsetzen,
sondern darüber erst morgen gegen Schluß der Sitzung zu discutiren haben.

Der Herr Abgeordnete Heise hat das Wort zur Geschäftsordnung.

Abgeordneter Heise: Dann beantrage ich, die Abendsitzung für heute
anzuberaumen.

Präsident: Meine Herren, ich werde also erst fragen:

Soll der Antrag von Mallinckrodt angenommen werden?

Wird er angenommen, dann frage ich, ob die Sitzung morgen früh
10 Uhr stattfinden soll. Werden beide Fragen verneint, oder vielmehr

wird der Antrag von Mallinckrodt abgeworfen, so werde ich noch fragen, ob in einer heut Abend fortgesetzten Sitzung die Petition über die Kloster- frage erledigt werden soll. Werden beide Fragen verworfen, so bleibt es bei der von mir vorgeschlagenen Tagesordnung. — Das Haus ist mit der Fragestellung einverstanden.

Ich ersuche demnach diejenigen Herren, aufzustehen, welche den fünften Bericht der Petitions-Commission Nr. 221 der Drucksachen an erster Stelle auf die Tagesordnung für morgen bringen wollen, und zwar nach dem Antrage des Herrn Abgeordneten v. Mallinckrodt.

(Geschieht.)

Das ist die Minderheit; der Antrag ist abgelehnt. Es fällt damit der Antrag des Abgeordneten Heise, welcher also nicht weiter zur Abstim- mung kommt, die Sitzung morgen früh 10 Uhr beginnen zu lassen.

Ich ersuche nunmehr diejenigen Herren aufzustehen, welche nach dem ferneren Antrage des Abgeordneten Heise die Kloster-Petition in einer heut Abend fortgesetzten Sitzung des Hauses berathen wollen.

(Geschieht.)

Auch das ist die Minderheit; der Antrag ist abgelehnt. Es verbleibt also bei der von mir vorgeschlagenen Tagesordnung, und werde ich die Sitzung morgen früh 11 Uhr beginnen lassen.

Ich schließe die Sitzung.

Inhalts-Verzeichniß.

www.ingramcontent.com/pod-product-compliance
Lightning Source LLC
Chambersburg PA
CBHW031439280326
41927CB00038B/1133